LOUIS LIÉVIN

RÉDACTEUR EN CHEF DU **MOUVEMENT**, DE BORDEAUX

LA

DISSOLUTION

DE

L'ASSEMBLÉE NATIONALE

BORDEAUX

IMPRIMERIE CENTRALE A. DE LANEFRANQUE

23-25, Rue Permentade, 23-25

—

Septembre 1871

LOUIS LIÉVIN

RÉDACTEUR EN CHEF DU **MOUVEMENT**, DE BORDEAUX

LA

DISSOLUTION

DE

L'ASSEMBLÉE NATIONALE

BORDEAUX

IMPRIMERIE CENTRALE A. DE LANEFRANQUE

23-25, Rue Permentade, 23-25

Septembre 1871

PRÉFACE

Le 2 Juillet, quatre-vingt-dix députés appartenant à l'opinion républicaine, sur cent quinze, chiffre total des élections à compléter, ont été envoyés à la Chambre.

Huit jours avant le 2 Juillet, tout était prêt pour une restauration monarchique; le prétendant légitimiste était à Chambord, attendant le moment d'agir.

La défaite de la République paraissait certaine; les crimes des insurgés de Paris avaient été habilement exploités, et on se flattait d'avoir opéré définitivement dans les esprits la confusion si ardemment recherchée entre le désordre et la démocratie, entre le gouvernement national et la démagogie despotique et sanguinaire.

Ces espérances des partis furent trompées, le bon sens français ne fut pas mis en défaut, et malgré sa prépondérance de situation, malgré le prestige dont elle pouvait jouir à cette époque, l'Assemblée monarchiste dut faire un pas en arrière et reconnaître que les élections du 2 Juillet avaient une signification et une portée de nature à la faire réfléchir. Elle réfléchit; les monarchistes se divisèrent en monarchistes blancs et en monarchistes tricolores, et la coalition royaliste, affaiblie, dut se dissoudre; elle dut renoncer, au moins pour quelque temps, à tenter une expérience décisive.

A ce moment, quel devait être le rôle de ceux qui, comme nous, avions toujours regardé la République comme une espérance qu'il fallait encourager, et non comme une crise qu'il fallait précipiter

Ceux-là durent considérer le mouvement électoral du 2 Juillet comme un des résultats les plus véridiques du suffrage universel qu'on eut jamais vu.

En effet, près de cinq mois s'étaient écoulés entre les premières élections et les nouvelles ; pendant ce temps rien n'avait été épargné contre la République, et la République ne paraissait pas s'être épargnée elle-même.

Malgré cela, malgré le concours de tant de circonstances fatales, elle sortait triomphante d'une épreuve d'autant plus redoutable, que l'enthousiasme des illusions patriotiques avait depuis longtemps fléchi sous le poids des revers et des calamités.

Malgré cela les deux tiers de la France électorale se prononçaient pour les candidats qui osaient encore affirmer le principe de la République malheureuse et calomniée. Soixante départements répondaient à l'appel de la liberté !

Le résultat de ces élections fut de créer une situation politique inouïe jusqu'à ce jour, de faire que quatre-vingt-dix députés, minorité numérique au parlement, devinrent la représentation d'une majorité électorale de cinquante à soixante départements, et d'environ sept millions d'électeurs.

Le scrutin de liste eut pour effet de concentrer dans l'élection d'un seul député, l'opinion de tout un département, et de donner ainsi à chacun des nouveaux élus une valeur de suffrages sept ou huit fois supérieure à celle de la plupart de leurs collègues précédemment élus.

De telle sorte que, pour évaluer à son poids réel la minorité parlementaire, il fallut au moins la tripler, sinon la quintupler, et qu'une centaine de députés (en restant dans les données positives du calcul et de l'évaluation mathématique) devint l'expression insuffisante d'une manifestation du suffrage universel qui, dans des élections générales, se fut traduite par le chiffre légal de députés, attribué à chacun des départements convoqués, en vertu de la loi du 15 Mars 1849.

C'est-à-dire que le vote du 2 Juillet, s'il eut correspondu à des élections générales, eut envoyé à la Chambre, non quatre-vingt-dix ni cent, mais bien de quatre à cinq cents députés, qu'il eut ainsi déplacé la majorité, et l'eut définitivement assurée à la

*République modérée dont tous les représentants avaient été élus,
il ne faut pas l'oublier, sous les auspices de M. Thiers.*

*Telle est la vérité que nous n'avons jamais perdue de vue, et
dont la démonstration suffit pour réduire à ce qu'elles valent, les
accusations de « démagogie » et de crime de lèse-patrie, lancées si
légèrement contre ceux qui ont indiqué la dissolution de la Chambre comme la meilleure garantie de l'ordre et de la stabilité.*

*Cette démonstration, nous l'avons essayée au jour le jour, dans
les colonnes d'un nouveau journal, dont nous nous sommes
efforcé de faire un organe néo-républicain, sans passion, sans
partialité, et comme nous l'avons dit dans notre programme,
l'organe de la République ouverte, c'est-à-dire du gouvernement
national, substitué au gouvernement monarchique.*

*Nous avons donc réuni les articles qui suivent dans le but de
montrer que la dissolution est un moyen politique, erroné peut-
être, mais très-soutenable, et que, la date même où nous l'avons
proposé, et la nature des arguments que nous avons mis en
avant, suffisent pour nous absoudre, et nous et tous ceux qui se
placent uniquement au point de vue de l'application des principes
stricts de la politique, et des leçons de l'expérience.*

Louis LIÉVIN.

Bordeaux, 13 Septembre 1871.

LA

DISSOLUTION

DE

L'ASSEMBLÉE NATIONALE

LA DISSOLUTION

—

On parle beaucoup, non pas de ce que fait la Chambre (M. de Tillancourt s'est plaint dernièrement qu'on n'en parlait pas assez), mais de ce qu'elle va faire. Va-t-elle rentrer à Paris ? Va-t-elle se dissoudre ? Va-t-elle prendre des vacances ? Rentrera-t-elle à Paris avant de prendre des vacances, ou prendra-t-elle des vacances avant de rentrer à Paris, ou bien enfin se dissoudra-t-elle avant de prendre des vacances et avant de rentrer à Paris ? Autant d'incertitudes, autant de perplexités, autant de façons de disposer diffé-remment les termes de la proposition gouvernementale.

De ces solutions diverses, nous préférons celle qui simplifierait toutes les autres en les absorbant. *Ceux qui poussent la Chambre à se dissoudre sont des radicaux dans le meilleur sens du mot. Il y a des difficultés qu'il faut couper dans leur racine, avant de les laisser pousser plus touffues, avant de les laisser devenir inextricables.*

La Chambre telle qu'elle est constituée maintenant, émanant de deux courants d'opinion absolument opposés, et divisée en deux groupes d'inégale grandeur, d'inégale force et de différente origine, est sans équilibre, sans in-fluence, sans autorité. Les élus du 2 juillet sont moins nom-breux, cela est vrai, mais ils ont pour eux la force morale que leur donne l'ensemble du mouvement électoral, dans plus de soixante départements, dans plus des deux tiers du pays. Les élus du 8 février sont plus nombreux, cela est incontestable, mais ils ont contre eux les circonstances pénibles de leur élection : hâte, trouble, précipitation des électeurs, spécialité de leur mandat, nous dirons presque *impérativité*. Ils ont contre eux leurs propres manifestations, leurs propres tendances. On les a vus à l'œuvre et cela a suffi ; on sait ce qu'ils peuvent faire, leur mesure est connue.

On juge d'une Chambre de parti, par ses *leaders*, comme on dit en Angleterre. A droite comme à gauche où sont les *leaders* ? Est-ce M. Baragnon ? Mais M. Baragnon, qui nous semble très écouté (nous disons nous semble, car nous n'avons jamais osé aller à l'Assemblée par crainte de M. Baze) n'a pas beaucoup d'envergure. Un peu de bon sens et beaucoup de zèle, voilà tout. Est-ce M. de Gavardie ? Qu'a dit M. de Gavardie qui n'ait traîné déjà dans tous les caté-chismes et dans tous les recueils de Mame et Cie, à Tours ? Est-ce M. Jaubert, mais n'a-t-on pas comparé M. Jaubert au marquis de Boissy, de (l'Assemblée) ? Et alors!!! Est-ce M. Baze, enfin ? Toutes ces notoriétés sont extra-parlemen-taires. L'un est connu parce qu'il est pétillant, l'autre parce qu'il est abondant, celui-ci parce qu'il est inabordable, celui-là parce qu'il est joyeux ; mais dans tout cela où est la poli-tique, où est la franchise, où est le dévouement patriotique, où est le savoir, où est l'autorité, où est l'originalité, le désir de faire bien, vite et neuf, et d'aider notre malheureux pays à sortir de l'ornière sanglante où il a versé ?

A gauche c'est la même chose, quelques doctrinaires auto-ritaires, des médiocrités bruyantes, des honnêtes gens sans portée, sans volonté, et surtout, c'est le grand mal, en minorité.

Par conséquent, impuissance de part et d'autre : une ma-jorité isolée du pays par les dernières élections, une minorité sans action, paralysée par cette majorité.

De tous ces bruits qui courent sur la Chambre, on com-prendra que nous aimons mieux nous fier à celui qui laisse entrevoir la dissolution comme possible. *La dissolution que nous n'aurions pas voulue avant que l'on ait tâté l'opinion par les élections partielles du 2 Juillet, nous la demandons aujourd'hui.* Elle est nécessaire pour donner au gouverne-ment une assiette définitive ; elle est nécessaire pour la recomposition du ministère ; elle est nécessaire pour faire cesser l'anomalie que nous avons déjà signalée, d'une Chambre républicaine où les républicains sont en minorité ; elle est nécessaire pour que le pays réponde enfin catégoriquement et définitivement aux orateurs de la trempe de M. Raoul Duval, qui nous menacent encore aujourd'hui du rétablissement de la monarchie.

(*Mouvement* du 18 Juillet 1871).

II

LA VIOLENCE !

—

Les violences ont commencé à la Chambre ; elles ne s'arrêteront plus. Quand une fois une Assemblée a forcé son diapason, il lui est très difficile ensuite de baisser le ton, et de reprendre la note juste. Les choses vont aller ainsi jusqu'à ce qu'on se prenne franchement au collet, comme aux Cortès espagnoles. Nous voyons déjà figurer au compte-rendu des expressions comme celle-ci : « M. Langlois secoue » le député du Gard, tape sur le pupitre, — se précipite en » courant et s'assied violemment. — Il se tient la tête entre » les mains... il se couche sur la table sans bouger... puis » d'un bond il s'élance, etc. » De son côté, M. Baragnon » court » par la Chambre ; « il frappe sur l'épaule de » M. Langlois ; » puis « il se sauve à son banc, etc., etc.» Bref, nos lecteurs ont pu lire, hier, extrait du compte-rendu des *Débats*, cet incroyable incident. On comprend après cela qu'un de ces messieurs ait demandé le rétablissement du compte-rendu officiel, c'est-à-dire le compte-rendu d'où l'on supprime tout ce que l'on veut. Il est évident que toute la partie des exercices exécutés par MM. Langlois et Baragnon aurait été passée sous silence, et que le public, réduit à la portion congrue de la sténographie de M. Célestin Lagache, aurait toujours ignoré qu'à la séance du 15 Juillet, M. Langlois « s'était un moment couché sur la table sans bouger,» et qu'il y avait eu en pleine Assemblée de la République française de 1871, une partie de chat perché, avec intermède de cheval fondu, entre deux des députés les plus autorisés.

Cet incident comique, terminé par une « hiralité prolongée de tous les côtés de la salle, » n'est qu'un acheminement vers des incidents plus dramatiques, du genre de ceux qui se produisaient en l'an de grâce 1792.

Égorgez-moi ! s'écriait Marat à la Convention du 24 Octobre. Le compte-rendu ajoute : « Il posa sa tête sur la tribune en signe de » résignation. Ce mouvement soulève l'Assemblée. »

Un autre jour, pendant que le député Isnard prend des notes, un de ses collègues qui n'est pas de son avis se précipite sur lui et « disperse ses papiers. » Enfin, pour ne pas trop multiplier les citations, nous rappellerons seulement la déclaration du Jacobin Legendre :

Legendre : Je *déclare* que si Lanjuinais « se permet des per- » sonnalités, je me porte à la tribune et je le précipite du haut en » bas. (L'opinant est couvert d'applaudissements.) »

La Convention, une fois sur cette pente, alla jusqu'au bout, c'est-à-dire jusqu'aux voies de fait. On en vint à se gourmer dans l'hémicycle, comme dans les pantomimes de troisième ordre, où les fins de scène sont toutes générale-ment marquées par une sortie en masse, entremêlée de coups de pied, de coups de poings et de culbutes.

Voilà la maladie dont nous entrevoyons les symptômes dans l'attitude inquiétante de l'Assemblée actuelle. Il nous semble prudent de ne pas la laisser se déclarer, et arriver jusqu'à la période aiguë. *Le remède, nous l'avons déjà indi-qué hier : c'est la dissolution.* Il y a en ce moment en France une entente précieuse entre toutes les portions du territoire. Le Nord, l'Ouest, l'Est et le Midi marchent de concert dans la voie de la République modérée. Il faut saisir ce moment, pour doter la France d'une représentation compacte et homogène qu'il ne sera plus possible d'arrêter, au milieu de ses travaux les plus importants, par de pareils accès de *tarentelle*. Il ne faut pas qu'on puisse appliquer aux deux fractions de la Chambre ce que Perlet (un journaliste du temps) disait des Jacobins et des Girondins : « Deux partis animés de » toute la violence des passions les plus affreuses ne respi-» rent que leur perte réciproque, que leur mutuel anéantis-» sement. » Evidemment le mot de Diderot : « Ceci tuera » cela ! » est toujours vrai ; mais il ne faut pas que ceci mange cela, en pleine Assemblée nationale, sous les yeux du monde entier, qui assiste *en dilettante* aux convulsions de notre pauvre patrie.

En conseillant la *dissolution* de la Chambre, nous n'avons pas la prétention d'en voir exclure M. Baragnon ni M. Langlois, mais nous espérons que les députés de la nuance de M. Baragnon seront, aux nouvelles élections, en telle minorité, que leur chétive apparence sur les bancs de l'Assemblée inspirera à M. Langlois (ancien secrétaire de l'intègre Proud'hon) des sentiments de condescendance et de générosité au lieu de ces bourrasques de colère et de passion par lesquelles il vient de se laisser emporter.

(*Mouvement* du 19 juillet 1871).

III

LE DANGER

Ce qui prouve que nous soutenons une bonne politique quand nous demandons la dissolution de l'Assemblée nationale au nom des intérêts et du maintien de la République en France, c'est l'éloge que les journaux monarchistes font de cette Assemblée. Dans un très curieux et très instructif article que publie l'*Univers* du 8 Juillet et que nous vou-

drions reproduire en entier, mais que nous ne pouvons que
parcourir, nous lisons :

L'Assemblée de Versailles offre une *imposante* réunion d'hommes de bien et d'esprits éclairés. Les sentiments sont élevés et
patriotiques ; les opinions *généralement saines* (il est entendu que
nous ne parlons pas de la gauche). Il manque un degré de *décision*,
le degré indispensable.

Le degré de *décision*, dont parle l'*Univers*, est défini
ainsi par l'auteur de l'article :

M. Thiers et son débile ministère d'hommes de Septembre ont
grignoté de leur mieux dans le pouvoir constituant de l'Assemblée ;
ils ne l'ont pas confisqué ; *ils ne sont pas de taille*. La situation
reste la même ; le pays a remis à ses représentants un droit souverain, ce droit appartient à l'Assemblée nationale ; *il lui manque
seulement de le prendre*. Qu'elle le prenne donc ; que résolument
elle en use si elle ne veut tristement s'user elle-même.

Il s'agit donc d'un *droit souverain* qui *appartient* à l'Assemblée, mais qu'elle a jusqu'ici négligé de *prendre*, et cela
parce qu'elle n'est pas encore arrivée au degré *de décision*,
parce qu'« il lui a *manqué jusqu'à présent* DE S'IMPOSER *aux*
» *factions et aux coteries rebelles.* »

Or, quelles sont, selon l'*Univers*, ces factions et ces coteries rebelles : ce sont les groupes républicains, c'est-à-dire
la minorité, dont nous avons signalé la fatale impuissance.

Si ce n'est pas la République abstraite, ce n'est pas davantage le
parti républicain qui peut arrêter la majorité monarchique de l'Assemblée. La France *ne doit rien à ce parti ;* elle n'a vis-à-vis de
lui d'obligation d'aucune sorte, *sinon l'obligation de l'exclure avec
persévérance du maniement des affaires publiques.*

Ainsi, voici la mission de l'Assemblée : « Exclure avec per-
» sévérance les républicains du maniement des affaires
» publiques ; » puis, ceci fait :

L'Assemblée n'a qu'une mission : reconstituer la France. L'œuvre
de cette reconstitution est simple ; *elle se borne* à appeler Henri
de Bourbon. C'est le droit héréditaire du prince et ce n'est pas
moins le droit héréditaire de la France. Ce grand homme de bien
nous appartient ; il est notre héritage, comme le trône de ses pères
est le sien.

Ce que l'*Univers* conseille à l'Assemblée, elle le peut incontestablement, sans que M. Thiers et son « débile ministère » puissent s'y opposer, car nous l'avons dit nous-même, dans notre premier numéro, et nous l'avons répété depuis.

Le gouvernement se permet l'*anomalie* de faire de la politique républicaine avec une Chambre en *très grande majorité monarchique.*

Cette majorité est tellement monarchique, que le seul reproche adressé par l'*Univers* à la loi qui a déféré les délits de presse au jury, est celui-ci :

La loi, par exemple, qui a déféré au jury les délits de la presse est déplorable et *parfaitement antimonarchique*, bien que votée par une assemblée *royaliste*.

Quand les questions sont posées aussi nettement entre ceux qui veulent la monarchie, comme l'*Univers*, et nous qui repoussons ce fatal pis-aller, il n'y a qu'à vouloir pour comprendre.

L'*Univers* et les monarchistes soutiennent la Chambre, parce qu'ils attendent d'elle le rétablissement de la monarchie ; nous la combattons, nous, parce que nous voyons clairement l'imminence de ce coup d'Etat que l'*Univers*, toujours très-net, conseille en ces termes :

Quelqu'un a dit que l'autorité se prend plutôt qu'elle ne se donne. Les pouvoirs qui ont duré et accompli de grandes et utiles choses débutent dans l'*Histoire par un coup de force*. Ils ne se contentent pas d'avoir conscience de leur droit et de se l'affirmer à eux-mêmes *in petto* ; ils l'imposent.

C'est *ce coup de force* dont nous voulons éviter la cruelle épreuve à notre malheureux pays.

Quant au jugement sur la valeur parlementaire de l'Assemblée, que nous avons porté nous-mêmes, l'*Univers* le confirme. Il est d'avis que :

L'Assemblée nationale est dans le faux. *Ses délibérations sont sans largeur, sans déploiement, et ne se meuvent dans aucune ligne franchement définie.*

Les lois qu'elle fait seront à refaire.

« Elle a l'air de faire des lois pour tuer le temps, dit
» M. Louis Veuillot. »

Ainsi, voilà une Assemblée incapable de faire de bonnes
lois, ce sont ses partisans eux-mêmes qui le déclarent, et
qui n'est capable que d'une chose : perpétrer un coup de
force qui rétablisse la monarchie. Y a-t-il là, oui ou non, un
danger pour la République ?

A M. Thiers de faire appel maintenant au patriotisme de
tous ces royalistes ; à lui d'obtenir de cette majorité l'abné-
gation et le sacrifice d'un triomphe qui ne serait qu'éphémère et peut être aussi sanglant que celui de la Commune ;
à lui d'invoquer la loyauté de tous ces gentilshommes four-
voyés ; à lui de les amener, au nom de la France épuisée,
à renouveler leur mandat avant d'en faire l'usage pernicieux
que l'*Univers* leur conseille ! A lui de les amener à la dissolution ! à lui de conjurer le danger !

(Mouvement du 20 Juillet 1871).

IV

LE RISQUE ET LE PÉRIL

—

Entre un danger comme celui que nous signalions hier,
d'une Chambre pouvant, dans une seule séance, confisquer
la République, renverser M. Thiers, prendre en main l'autorité militaire et administrative, nommer une commission
exécutive composée de MM. de Gavardie, Jaubert, Baragnon, de Lorgeril, de Kerdrel, de Mgr Dupanloup, et imposer ensuite à la France, par la voie du télégraphe et des che-
mins de fer, un gouvernement de toutes pièces, où le roi se
nommerait Henri V, et ferait enlever du sommet de tous les
établissements publics le drapeau tricolore pour y substituer

le drapeau blanc ; un gouvernement sous lequel toutes les libertés, et celle de penser la première, disparaîtraient sous les ciseaux d'une censure ecclésiastique ou aristocratique, entre CE DANGER grave, imminent, qui peut se réaliser d'un moment à l'autre, et l'INCONVÉNIENT indiqué par les adversaires de la dissolution, y a-t-il la moindre proportion ?

La dissolution a des ennemis : ce sont ceux qui veulent le coup d'État, prompt, immédiat, comme une revanche du 2 Décembre ; mais elle a aussi de simples adversaires (et c'est à ceux-là que nous nous adressons aujourd'hui), de simples contradicteurs. Ceux-là disent que la dissolution troublerait le pays, et qu'on a assez voté comme cela depuis six mois. Nous ne comprenons pas, nous l'avouons, qu'on puisse opposer une objection aussi futile, à la démonstration complète que nous avons faite l'*Univers* à la main.

Quoi ! c'est à la France actuelle, c'est à la France, diminuée d'un huitième de sa fortune nationale par les désastres accumulés de la guerre étrangère et de la révolution intestine ; c'est à la France, travaillée tous les jours par les excitations, les dénonciations, les enquêtes des uns contre les autres, et des uns sur les autres, qu'on vient dire : Il ne faut pas voter, cela vous troublerait !

On cite quelquefois cette facétie d'un condamné à mort, qui, au moment de monter sur l'échafaud, refuse un verre de bière sous prétexte que la bière est contraire à la digestion.

L'argument des conservateurs de la paix publique est de cette force. N'est-ce pas une dérision que venir faire ainsi le mystérieux, se mettre le doigt sur les lèvres, et marcher sur la pointe du pied, quand toutes les passions politiques sont déchaînées et grondent jusqu'à étouffer la voix pourtant bien perceptible du sens commun ? Est-ce sérieusement qu'on vient nous dire que des élections générales *agiteraient le pays* ?

Mais le pays est autrement agité par cette instabilité qui, d'un moment à l'autre, peut devenir un effondrement ! Mais vous avez cinq cents hommes à la Chambre, qui peuvent, un beau soir, tout en se promenant dans le parc de Versailles ou dans les allées de Trianon, se concerter et voter le le lendemain comme un seul monarchiste! Qu'arrivera-t-il, alors? Accepterait-on ici, accepterions-nous à Bordeaux leur décision? et parmi les adversaires actuels de la dissolution, combien ratifieraient les résolutions de la Chambre affolée! Alors, ce serait bien autre chose que de l'agitation! Ce serait la guerre civile, non plus circonscrite dans la capitale, mais déchaînée sur la France entière justement révoltée.

Y a-t-il, nous le répétons, entre ce danger possible, sinon probable et les misérables considérations d'ordre que l'on invoque, la moindre proportion ? pour conjurer un péril, doit-on hésiter à courir un risque ?

(*Mouvement* du 22 juillet 1871).

V

L'INFLUENCE DE LA CHAMBRE

Ceux qui avaient pu croire un instant que la période de calme et de repos qui succéderait aux effroyables crises que nous avons traversées, serait consacrée, d'un commun accord, au travail de la réorganisation nationale, sont aujourd'hui cruellement détrompés. Au lieu d'un zèle éclairé, d'une volonté ferme, d'une recherche assidue et d'une étude constante de questions sérieuses, que fait-on, que voit-on ?

On voit reparaître des discussions de l'autre monde ; on voit la presse parisienne s'escrimer sur le droit du seigneur. « Il existait, et je le prouve. — Il n'existait pas, je le démontre, » et documents d'aller leur train ! Voilà certainement un point litigieux qui n'aurait guère arrêté les Prussiens après

1806. Ce n'est pas là ce dont se préoccupaient les hommes qui refirent la Prusse à cette époque, les Hardemberg, les York, les Stein, etc., et tous ces patriotes qui vouèrent leur vie à la pensée unique de reconstituer leur patrie et de la venger.

Telle est l'influence de cette Chambre élue le 8 février, au lendemain de la capitulation de Paris, après cinq mois de combats et de batailles au cœur même de la France, de cette Chambre presque uniquement composée de grands seigneurs, acceptés par les électeurs les yeux fermés, uniquement parce qu'ils se présentaient, uniquement parce qu'ils s'étaient bien battus en vrais gentilshommes, sans que la politique y fût pour rien. Savait-on seulement à cette époque sous quel gouvernement l'on vivait; est-ce que la vie nationale n'avait pas été détournée de tout autre objet qu'une prompte délivrance des maux qui pesaient sur nous ? S'agissait-il d'autre chose que de dire à la Prusse : « Eh bien ! ... Oui, nous sommes battus, nous allons payer ! Voilà des députés qui vont ratifier vos conditions. » Seulement, la France, toujours généreuse, toujours accessible aux grands sentiments, crut qu'elle devait quelque chose à ces nobles qui venaient de verser leur sang pour elle, et d'ouvrir leurs châteaux à ses enfants blessés ; elle se fia à leur loyauté traditionnelle, et se dit que quand il s'agirait du salut de tous, il n'y avait plus de classes, plus de minorité, plus de majorité, et qu'il n'y avait plus que des Français !

Faut-il aujourd'hui que cette générosité tourne contre elle, et que ce noble pays d'égalité et de démocratie soit aujourd'hui trahi par ceux dont il avait voulu oublier un instant l'incorrigible obstination ?

Oui, nous le répétons, telle est l'influence de cette Chambre, elle pousse le pays à sa perte en le forçant de s'arrêter à des détails libertins, en l'amusant par des lois impraticables et naïves, en l'alarmant par des manifestations, en l'outrageant dans sa dignité par de plates formules, où des Français qui sont libres éprouvent le besoin de se dire des *sujets*.

Est-ce que s'ils ne se sentaient pas appuyés au sein de la

Chambre par une majorité dont l'existence les autorise, on verrait des citoyens oser se mettre en révolte ouverte avec le gouvernement de leur pays et se dire les sujets d'un prince qui a préféré le drapeau de sa famille à celui de sa patrie ?

En 1844, quelques députés légitimistes, Berryer en était, firent un pélerinage à Belgrave-Square, auprès de ce même Henri V. M. Guizot demanda contre eux, à la Chambre, un vote de blâme. La Chambre l'acorda. Elle *flétrit* cette coupable manifestation ! La République, paraît-il, n'a pas de sa dignité le même souci que la monarchie constitutionnelle.

Nous aimons la tolérance, mais il ne faut pas qu'elle aille jusqu'à la faiblesse. Le vote de 1844 était excessif parce qu'il était inutile ; le danger n'existait pas. En dira-t-on autant aujourd'hui, et n'est-il pas temps d'ouvrir enfin les yeux sur l'abîme de réaction non pas seulement politique, mais intellectuelle, où la Chambre pourrait nous précipiter si l'on n'y prend garde.

(*Mouvement* du 23 Juillet 1871)

VI

LA LIGNE DROITE

—

Le défaut de la situation actuelle est de ne pas être une situation nette. On cherche des expédients, on se paye des mots comme à l'ordinaire.

Les expédients, c'est le *Siècle* qui nous les fournit.

Les mots, c'est M. d'Haussonville qui se charge de nous en distribuer largement la monnaie dans une lettre qu'il adresse aux *Débats*.

L'expédient du *Siècle* est celui-ci :

« La réunion Feray et la réunion Rampont ont effectué leur fusion. Le groupe total, qui a pris la dénomination de centre gauche et qui

siége à la justice de paix de Versailles, a tenu, il y a deux jours, une
très importante séance. Quelque membres avaient proposé à la
réunion de manifester sa préférence pour la forme de gouvernement
à donner à la France. On a voté par oui et par non sur la question :
Doit-on adhérer à la République ? et une *immense majorité s'est
déclarée pour le maintien de la République.* »

Ainsi, dans ce groupe même qui s'intitule « républicain
conservateur », il n'y a pas unanimité sur le maintien de la
République, il n'y a que majorité, immense ou non, peu
importe. Mais nous nous demandons ce que viennent faire
dans une réunion de républicains conservateurs, d'es
hommes qui ne sont pas encore fixés sur la nécessité de
maintenir la République. Ainsi, voilà des députés qui, bien
que n'étant pas républicains, puisqu'ils ne votent pas *Oui*
sur cette proposition : « Doit-on adhérer à la République ? »
quand cette question est posée dans une réunion privée, et
qui, cependant en séance publique, voteront avec les républicains ! Si cela n'était pas, la fusion Feray-Rampon n'aurait
aucun sens. Or nous admettons qu'elle en a un ; voici donc
où est l'expédient : c'est que désormais, même à gauche, ou
vers la gauche, il y aura des républicains qui ne sont pas des
républicains, et c'est avec ces députés indécis, incolores,
républicains pour leurs électeurs, monarchistes vis-à-vis de
leur conscience, que l'on prétend renforcer la fraction républicaine, c'est-à-dire la seule majorité normale sur laquelle
le Gouvernement puisse raisonnablement s'appuyer ?

Cet expédient n'est pas possible ; c'est la mise en suspicion
permanente de la République ; c'est l'altération continuelle
des votes démocratiques. Une telle majorité existât-elle, que
nous la dénoncerions, et n'accepterions pas son concours
douteux. C'est alors que la République serait perdue, quand
il serait permis de disséquer le scrutin, de classer les votants
et de dire : ce républicain n'a pas adhéré à la République.

Autre chose est de faire le pacte de Bordeaux en Février
et de s'y conformer, autre chose est de se grouper après
cinq mois de délibérations communes... Aujourd'hui, les
membres de l'Assemblée se connaissent ; ils savent les uns

et les autres ce qu'ils veulent, et il n'est plus permis de faire partie d'une réunion républicaine, temporairement, en vertu d'une autre pacte, en se réservant le droit de résilier son engagement selon les circonstances.

Les légitimistes sont nets, francs, décidés ; ils veulent la royauté avec ses conséquences : l'*Univers* aujourd'hui présente « la monarchie parlementaire » comme le gouvernement le plus léger à supporter. « Le roi ne peut rien contre les intérêts du pays, dit-il doucement. Prenez mon roi. » Ainsi, il ne s'agit plus que de faire avaler le roi. La République est rejetée absolument. Les raisonnements quotidiens des légitimistes peuvent varier, mais désormais leur terrain est solide. Ils veulent la royauté ; toute leur habileté consiste à montrer que la monarchie « non parlementaire » est le le meilleur des gouvernements, celui sous lequel on paie le moins d'impôts, le vrai gouvernement populaire. Voilà une attitude. Elle est..... elle est ce que l'on voudra, mais au moins elle a un relief dont il est aisé de saisir tous les contours. En sera-t-il ainsi avec les expédients du *Siècle*, avec la fusion Feray-Rampon, où chacun saura qu'il y a des membres qui n'ont pas adhéré au maintien de la République.

Passons aux mots de M. d'Haussonville. Cet homme politique a pour spécialité d'écraser périodiquement les questions du jour sous le poids d'une lettre de quatre à cinq colonnes en petits caractères, dont les *Débats* paient en soupirant la redevance. Voici la solution de M. d'Haussonville :

« Le jour où son parti sera prié de laisser de côté, cantonnés dans leurs exigences excessives, un certain nombre de membres de la gauche avancée et de la droite retardataire, le chef du pouvoir exécutif verra se grouper derrière lui un *immense bataillon* d'hommes de bonne volonté fort capables de le seconder dans l'œuvre qu'il a entrepris. »

On remarquera en passant que le *Siècle* parle d'une *immense majorité*, et que M. d'Haussonville parle d'un *immense bataillon*. C'est le propre des solutions qui ne sont qu'entrevues par leurs auteurs, de se traduire par des grands

mots, des mots immenses. Mais où M. d'Haussonville recru-
tera-t-il son immense bataillon? Qu'est-ce que ce conseil
de bénisseur de mélodrame; qu'est-ce que ce plan creux et
sonore; qu'est-ce que cette solennelle prud'homie?

Il faudrait nous dire un peu comment ferait M. Thiers
pour cantonner dans leurs exigences excessives ce « certain
» nombre de membres de la gauche avancée et de la droite
» retardataire, » et de qui se compose ce nombre, et même ce
que signifie cette proposition. Cela veut-il dire que M. Thiers
s'appuie à la fois sur la gauche radicale et sur la droite radicale, et que le jour où il renoncerait à cet appui, on verrait
arriver l'immense bataillon? si c'est là le sens de la solution
de M. d'Haussonville, il est inintelligible. Il y a une majorité
à la Chambre, une majorité dangereuse, et les minorités
excessives n'y sont d'aucun poids. M. d'Haussonville l'igno-
re-t-il ou veut-il l'ignorer? Dans tous les cas, elles ne donnent aucun appui à M. Thiers. Le chef du pouvoir exécutif
s'appuie aujourd'hui sur une majorité qui peut lui faire
défaut du jour au lendemain. C'est là, ce que nous ne ces-
sons de répéter, c'est là qu'est le danger. Venir encore aujourd'hui nous parler des opinions extrêmes comme un seul
obstacle à la marche régulière du gouvernement, c'est re-
tarder sur les événements. M. d'Haussonville règle son
chronomètre sur une horloge dont les aiguilles se sont arrê-
tées en 1848.

Quand donc nous habituerons-nous à regarder les questions en face, à voir leurs vraies conséquences, sans nous
arrêter à des obstacles de convention, « comme l'agitation
du pays » comme le « cantonnement des idées excessives de
de M. d'Haussonville. »

Quand donc cesserons-nous de faire des gestes in+cons-
cients, de balbutier des phrases qui ne sont plus en situation;
quand donc nous soustrairons-nous à l'expérience du con-
venu, à l'attrait de la routine; quand donc irons-nous au
but par la ligne droite?

- (*Mouvement* du 24 juillet 1871).

VII

LE VOTE DU 22 JUILLET

—

Une des conditions élémentaires de la pratique de la liberté chez soi, c'est le respect de la liberté chez les autres. Voilà pourquoi toutes les constitutions libérales proclament d'abord le principe de non intervention. Quand l'empire voulait faire du libéralisme, il déclarait qu'il n'interviendrait pas dans les affaires extérieures des nations voisines. C'est en vertu de ce programme, suivi quelquefois, mais tant de fois abandonné, qu'il laissa les événements de Sadowa s'accomplir sans protestation de sa part. Quand un empire aussi autoritaire, aussi personnel que le fut, pendant la plus grande partie de sa durée, celui de Napoléon III, reconnaît la nécessité de proclamer et de suivre le principe de la non intervention, il faut croire que cette nécessité politique est bien puissante, puisqu'elle s'impose, au moins théoriquement, même aux empereurs.

Ce principe, reconnu comme la garantie la plus efficace de la liberté en ce qui assure l'économie, prévient la guerre et respecte le droit, l'Assemblée de Versailles l'a renié solennellement par son vote de samedi 22 Juillet. Ce que ne faisait par la France impériale, au moins ostensiblement, la France républicaine, elle, le fait légalement par un vote de son Assemblée. Elle intervient, la France, par la voix de ses représentants qui ont rejeté l'ordre de jour demandé par M. Thiers, déclare qu'elle a la prétention d'intervenir, soit diplomatiquement, soit militairement, dans les affaires de l'Europe. Le principe de salut et de paix, que la sagesse politique des libéraux a proclamé tant de fois n'existe plus, et cela sous la troisième République !

Si la violation d'un tel principe en pleine République est un acte inouï, que dire des conséquences de cette violation dans la pratique? Du moment où l'on a déclaré qu'on interviendrait, il faudra intervenir. Les votes d'une Assemblée sont des engagements, ce ne sont pas de simples réponses évasives. Le Pape, aujourd'hui informé par le télégraphe de l'aubaine qui lui arrive, compte sur la France. Il va régler sa conduite sur la promesse qu'on lui donne. Ses prétentions vont grandir avec ses espérances.

L'Italie, de son côté, lassée de cette prétention déplorable, va se mettre en garde ; elle va armer, elle va se préparer. Elle a une flotte excellente, elle va avoir une armée nationale, vigoureuse et patriotique.

A l'ambassadeur de France (nous le plaignons) qui signifiera des notes sévères ou comminatoires, elle répondra avec fermeté, peut-être avec arrogance. Alors l'intervention se dessinera, elle prendra corps, et elle se traduira par un embarquement de troupes à Marseille, qui tenteront à Civitta-Vecchia un débarquement qui, cette fois, ne rencontrera plus la résistance de quelques volontaires garibaldiens, mais bien l'Italie elle-même, désireuse d'en finir avec cette occupation insensée.

Maintenant si l'intervention est nécessaire, elle le sera prochainement, c'est-à-dire dans un moment où notre armée n'est pas encore réorganisée, et où ce qui nous en reste est strictement utile (quoi qu'on en dise) à notre sécurité intérieure, à la conservation de notre colonie algérienne, et puis ce ne seront plus quelques milliers d'hommes, allant pacifiquement occuper des casernes, qu'il faudra embarquer, ce sera une armée entière, bien armée, bien approvisionnée, et il faudra bien payer tout cela.

Nous ne voulons pas même parler de l'*intervention* probable de l'Allemagne.

Si le vote qui renvoie au ministre des affaires étrangères, à M. Jules Favre, (l'homme le plus opposé de tout temps à cette politique catholico-envahissante), le soin de « rétablir » le souverain pontife dans les conditions nécessaires à sa

» liberté d'action et au gouvernement de l'Église catholique »
(pétition des évêques) ; si le vote du 22 Juillet ne signifie
pas ce que nous venons d'indiquer, que signifie-t-il ?

Quant aux conséquences intérieures de ce vote : échec
du cabinet, échec de M. Thiers, agitation cléricale, propa-
gande légitimiste, nous allons les voir venir.

Croit-on maintenant que la situation est grave et que la
Chambre peut nous mener loin ; croit-on que le conseil
patriotique donné à la Chambre de se soustraire à elle-même,
en se dissolvant, n'est « qu'une manœuvre de radicaux »
comme le disait le *Journal des Débats*, le plus anti-catho-
lique, le plus anti-ultramontain des journaux ? Nous atten-
dons l'ordonnance de ce docteur écouté. Voici la maladie :
« Une Chambre républicaine toute-puissante, qui a voté le
» rétablissement, à tout prix, de la souveraineté temporelle
» du Saint-Père. » Qu'il nous indique le remède.

(Mouvement du 25 juillet 1871).

VIII

PRENONS GARDE!

—

M. Thiers propose ou accepte l'ordre du jour sur les pétitions des évêques. Cette proposition est repoussée au scrutin
par 375 voix contre 273. Que va-t-il arriver ? M. le Chef du
pouvoir exécutif va conclure qu'il n'est plus soutenu par la
majorité, puisque la minorité seulement a voté avec lui (car
cette fois M. Thiers a voté). Voilà ce que le bon sens, l'évidence proclament : 375 voix se prononcent contre l'ordre
du jour demandé par M. Thiers; 273 voix, dont celle de
M. Thiers, sont annulées par ce résultat. La question est
résolue dans le sens de la majorité; la minorité dont fait

partie M. Thiers doit s'effacer, et si les circonstances étaient moins graves, nous dirions : le ministère dont elle émane devrait se retirer. C'est ainsi que les choses se passent dans tous les pays du monde depuis qu'il y a des assemblées délibérantes.

Il paraît qu'on a changé tout cela. En présence du résultat fâcheux du scrutin, la droite, au lieu de triompher (et vraiment nous l'en louons, mais on voit combien nous sommes à sa discrétion), fait une nouvelle proposition absolument contraire à la précédente. Tandis que la première demandait l'ordre du jour sur les pétitions, ce qui veut dire : « Laissons-là ces pétitions, et discutons ce qui est à l'ordre du jour; passons à la loi sur les conseils généraux, » la seconde proposition, elle, demande le renvoi au ministre des affaires étrangères, ce qui veut dire : « Ces pétitions ont » une grande valeur; nous en tenons compte, et nous ferons » ce qu'elles demandent. Nous allons défendre le Pape contre » ses ennemis. » On vote sur cette proposition, le contraire de la précédente, et elle réunit 431 voix. Tout à l'heure il n'y avait que 375 députés qui étaient d'avis de tenir compte des pétitions des évêques, maintenant ils sont 431. Il y en a 56 qui viennent de changer brusquement d'opinion. Tout à l'heure, ces 56 députés disaient aux évêques : « Vous avez tort; » maintenant ils leur disent : « Vous avez raison. »

Les journaux de Paris de toutes les opinions (sauf un seul, l'*Univers*, journal désagréable, mais logique), nous arrivent ce matin, célébrant cette mémorable séance, cette grande et solennelle joute oratoire.

Ce qu'il y a de remarquable, c'est que tous sont enchantés. Les républicains disent : « On a voté le renvoi au ministère, » mais cela ne fait rien, cela ne change rien à la situation.» Les monarchistes sont contents, mais plus adroits, ils sont plus modestes : « Mon Dieu, disent-ils, nous ne demandons pas » la guerre, nous voulons seulement une satisfaction mo- » rale, et nous sommes heureux, c'est le *Français* qui » parle, de voir enfin M. Thiers entouré de sa *vraie majo-* » *rité*. » Voit-on la tendance tirer M. Thiers à soi, poser la vraie majorité où elle n'est pas, déplacer l'axe du Gouvernement et culbuter la République. La tactique est claire.

Cette magnifique séance est déplorable (les *Débats*, embarrassés, se taisent absolument); elle renverse et fausse tous les principes parlementaires; *elle nous montre le pouvoir forcé de sauter de majorité en majorité comme on saute de rocher en rocher au-dessus des abîmes.*

Prenez garde! la question romaine n'est qu'accessoire, puisqu'elle a été tranchée par un « compromis; » mais cette hésitation, cette inconsistance, cette confusion, quels périls ne récèlent-elles pas! La majorité nous tient, elle nous tolère, mais elle ne nous soutient plus. Prenons garde! et marquons d'une croix les jours néfastes de ces grandes séances où M. Thiers, pour ne pas tomber, disons-le, pour ne pas nous abandonner, est forcé de voter *oui* et *non* sur la même question, dans la même séance. Prenons garde!

(Mouvement du 26 Juillet 1871).

IX

LES INTERPRÈTES

—

La plus grande injure que l'on puisse faire à un personnage, comme à une Assemblée politique, c'est de ne pas les prendre au sérieux. C'est cette injure que l'opinion publique, dirigée par la presse parisienne, fait depuis deux jours à la Chambre, par tous les organes de la publicité, à quelque nuance qu'ils appartiennent. Le vote de l'Assemblée qui renvoie au ministère des affaires étrangères l'examen de la pétition des évêques, est considéré comme non avenu, et cela avec une sérénité d'appréciation générale.

Accentuant leurs premières considérations et interprétant ce qu'ils en croient l'esprit, sans faire la moindre attention à la lettre, c'est-à-dire au chiffre du vote, les journaux radicaux vont leur train et concluent que, puisque la majorité n'a pas déclaré la guerre à l'Italie séance tenante, cela peut passer pour une désertion, de sa part, du programme ultra-montain. Et ils passent outre, avec une joyeuse désinvolture et une complète quiétude.

Quand aux journaux catholiques, cette sécurité de leurs adversaires les alarme et les fait douter à leur tour ; ceux mêmes qui, hier, trouvaient la séance « bonne », sont aujourd'hui découragés. L'*Univers,* lui, encore plus affirmatif, déclare la cause du « pouvoir temporel perdue. »

Ainsi, des deux côtés on est arrivé à ce résultat, que le vote de la Chambre est unanimement considéré comme ne signifiant rien, et n'engageant à rien. L'*Avenir national,* satisfait, espère que le « sens n'en a échappé à personne. » Singulière situation pour une Assemblée. Elle dit OUI, on sourit, et l'on suppose qu'elle a voulu dire : NON.

Il n'y a que M. Jules Favre qui ait tenté de se maintenir sur le terrain des faits, et qui ait attaché au vote son sens véritable, son sens apparent. Il le considère comme un désaveu de sa politique et il a donné sa démission. M. Jules Favre, par cet acte qu'on dénaturera et qu'on dénigrera, comme c'est l'usage, qu'on *interprètera* comme on *interprète* les votes de la Chambre, a fait preuve de sens et de logique politiques. M. Jules Favre a commis des fautes ; il a le tort d'apporter au maniement des affaires publiques une nature sentimentale et sensible, expansive et démonstrative, mais du moins, dans cette circonstance, il aura l'honneur d'avoir été de bonne foi et clairvoyant.

De bonne foi, en prenant ses adversaires au sérieux, clairvoyant en se retirant, lui, le seul républicain du Cabinet, devant un vote qui atteignait la République ! Nous qui ne connaissons ni les querelles, ni les sympathies des coteries, nous ne voulons voir dans les actes de la politique que ce qu'ils représentent réellement, que ce qu'ils paraissent être,

parce qu'autrement si l'on se mettait à faire des finesses, à
faire de la politique publique, comme on fait de la diplomatie
dans les cours étrangères, si l'on se mettait à ruser quand il
faut être franc, et à dire *oui* quand on veut laisser comprendre *non*, bien loin de refaire les mœurs politiques, on
ne ferait qu'aggraver encore cette fameuse démoralisation
que nous a laissée l'Empire.

Nous avons besoin de M. Thiers, par conséquent nous ne
pouvons que l'approuver quand il se conserve à nous, et
qu'il va à la majorité quand la majorité ne va pas à lui ; nos
objections ne s'adressent pas à M. Thiers, elles vont non
pas au-dessus, mais au-delà de lui ; elles visent le jour où
les exceptions de toute nature qu'il incarne disparaîtront, et
où l'on sera forcé de rentrer dans la logique des fonctions
parlementaires, le jour où la majorité voudra être une majorité prépondérante. Ce jour-là, on se repentira de s'être fié
aux apparences, d'avoir fait bon accueil aux compromis.

Quand sous l'empire, c'est toujours là où nous puisons nos
leçons, car c'est lui qui nous les a données les plus graves,
quand sous l'empire nous nous élevions contre les avertisse-
ments, contre l'autorisation préalable, contre le système de
l'arbitraire, les journaux officieux nous disaient : « Mais vous
êtes libre, vous discutez ; que voulez-vous de plus ? » Ce que
nous voulions de plus, c'est ce que nous voulons encore
aujourd'hui : la certitude du droit, la stabilité du principe,
son affirmation et ses garanties.

Où sont les garanties du principe de non intervention ?
Dans l'imagination complaisante et prévenue de ceux qui
considèrent le maintien du pouvoir temporel comme impossible, parce qu'il n'est pas raisonnable... Qu'au moins l'expérience nous serve à quelque chose ; est-ce que l'impossibilité et la déraison ne sont pas les grands mobiles des
choses de ce temps ? Est-ce une garantie que de s'en rap-
porter à la sagesse d'une Assemblée qui tolère l'interprétation
de ses votes, et qui laisse protester sa parole ! Mais il arrivera un jour où ce rôle de conciliation, de mollesse la fati-
guera ; il y a là dedans des gentilshommes, et, Vertu-Dieu !

cela leur semblera dur d'être ainsi traduits, méconnus, interprétés et trahis, et alors ils voteront, quoi ? nous n'en savons rien, mais ce qu'ils voteront, ils tiendront la main à ce que cela s'exécute.

Voilà pourquoi nous demandons une fois de plus à la Chambre de ne pas se laisser induire en tentation, et de nous délivrer elle-même du mal qu'elle peut nous faire. Ainsi soit-il !

(Mouvement du 27 juillet 1871).

X.

UN NOUVEAU MINISTRE

—

Le successeur de M. Jules Favre, dans le cabinet, devrait être choisi parmi l'un des élus du 2 juillet. S'il est incontestable que les dernières élections expriment réellement l'opinion de la majorité du pays, c'est le moment de rendre hommage à cette opinion, en appelant aux affaires au moins un des membres de la minorité parlementaire qui représente aujourd'hui la majorité électorale.

Un ministre pris dans cette minorité serait bon, deux vaudraient mieux, mais il serait peut-être plus difficile de les faire agréer à la majorité aristocratique qui gouverne le pays.

Il faut donc savoir nous borner et pour obtenir quelque chose il faut demander peu.

Il nous semble que M. Thiers, en manœuvrant dans ce sens, arrivera aisément à convaincre la Chambre de la nécessité qu'il y a de donner cette satisfaction à l'opinion.

M. Jules Favre était suspect à la majorité, et impopulaire auprès de la minorité ; cependant la Chambre l'a admis et adopté au nom de la conciliation.

Il serait bien singulier qu'elle refusât aujourd'hui son concours à des hommes représentant l'équivalent politique de M. Jules Favre, mais n'ayant pas comme lui à se reprocher d'avoir siégé à l'Hôtel-de-ville, le 4 Septembre, et d'avoir négocié notre désastreux traité de paix.

Si, au contraire, l'on comblait les vides du cabinet par des hommes poussés par le mouvement électoral du 8 Février, le Gouvernement cesserait absolument d'avoir un appui dans la majorité du pays. Tous les élus du 2 Juillet passeraient naturellement à l'opposition, entraînant le pays avec eux, et l'on se trouverait en face d'un ministère monarchiste soutenu par une majorité monarchiste. Le rôle de M. Thiers qui, lui, s'il n'est pas républicain, est au moins le défenseur de la forme républicaine, n'aurait plus de raison d'être.

Le nom de M. Thiers signifie conciliation, pacte, apaisement, nivellement momentané de tous les partis, jusqu'à ce que les lois de l'équilibre aient assigné à chacun d'eux sa place sur l'échelle politique.

M. Thiers est donc un trait d'union entre les républicains et les monarchistes de toutes les nuances, aussi bien dans le gouvernement que dans la Chambre. Si l'un de ces éléments venait à disparaître, M. Thiers disparaîtrait nécessairement avec lui.

Il ne faut pas se faire d'illusion : le jour où le parti républicain sentirait définitivement sa force et aurait toute liberté d'action il se séparerait de M. Thiers, si auparavant M. Thiers, avec son admirable bon sens, n'avait pas pris le soin de se séparer de lui.

Il en est de même des monarchistes ; M. Thiers ne serait plus assez pur à leurs yeux, ils ne tarderaient pas à se débarrasser de lui. On n'a pas oublié les séances des premiers jour d'avril, et toutes les « tracasseries » dont la majorité assaillait M. Thiers.

Puisque nous sommes réduits aux expédients, au moins encore pour quelques temps, usons au moins d'expédients salutaires. Il s'offre une occasion de faire patienter la nation, et de lui donner une nouvelle preuve de la bonne foi de son

chef exécutif ; il s'offre une ocasion de faire de la bonne
politique et d'appliquer les principes du suffrage universel
en se soumettant d'abord à leurs conséquences, et en se con-
formant dans les limites actuelles du possible, à la maxime
qui consiste à gouverner le pays par le pays. Saisissons cette
occasion.

Le successeur de M. Jules Favre doit être choisi parmi les
élus républicains du 2 Juillet.

(Mouvement du 29 Juillet 1871).

XI

LA RÉACTION

ET LA CONTRE-ACTION

Toute action appelle une réaction, et toute réaction ra-
mène fatalement une contre-action. Ce qui fait l'équilibre
dans les gouvernements, c'est la modération des partis,
parce qu'alors les alternatives en sens contraire se mesurent
les unes sur les autres, et qu'elles n'ont ainsi qu'une inten-
sité proportionnelle.

C'est pourquoi que les gouvernements parlementaires
fonctionnent sans de trop fortes secousses, et oscillent
doucement entre l'opposition et la conservation. Si l'opposition est modérée, la conservation l'est également ;
il n'y a que les coup violents qui appelent les parades
violentes.

Ces quelques considérations nous donnent la clef des
élections municipales de Paris. On pourra s'étonner et
même s'alarmer de voir, au lendemain de la Commune,
reparaître au grand jour du suffrage des noms sinistres
qu'on pouvait croire effacés pour longtemps de la mémoire

des révolutionnaires. Rien cependant de plus naturel. C'est la destinée de la Chambre, qui est l'expression d'un parti extrême, de soulever surtout l'antagonisme des partis extrêmes.

Il n'y a qu'un parti qui serait en état de contenir les excès révolutionnaires : c'est le parti républicain. Tant que la majorité de l'Assemblée ne sera pas républicaine, comme elle doit l'être, les soupçons seront en raison des apparences, et la défiance se traduira par des manifestations qui ne seront que des représailles.

Comment, en effet, la Commune a-t-elle expliqué son installation ; contre qui a-t-elle déclaré tout d'abord qu'elle entrait en lutte ? Contre ceux qu'elle appelait les « chouans ; » contre le drapeau blanc qui abritait, disait-elle, les zouaves pontificaux. Plus tard, le mouvement communeux n'a plus été qu'une débauche criminelle sans but et sans direction, mais au lendemain de son début, alors qu'il avait encore une apparence politique et qu'il espérait se voir soutenu par les grandes villes de France, il fut, ce que nous rappelons ici, il fut anti-légitimiste, anti-clérical ; il eut la prétention de défendre la République contre ses ennemis.

Si la majorité de [la Chambre avait été républicaine modérée, quel drapeau eussent arboré les communards ? Évidemment, le clan des bandits qui dirigeait les opérations eût essayé d'expliquer autrement ses attentats, et de légaliser ses crimes à sa façon ; mais il eût rencontré plus de difficulté à entraîner ceux qu'on appelle les « égarés ; » leur bon sens eut promptement fait justice d'une tentative purement criminelle. Mais, avec la Chambre comme objectif, il était très aisé d'exploiter la crédulité des masses, et de les amener à vouloir renverser par la violence une réaction qui ne doit être combattue que sur le terrain des principes et des idées.

Donc, ce fait est indéniable ; il suffit de se rappeler les proclamations du Comité central de Paris. Dans les premiers jours d'avril, il n'est question, nous le répétons, que d'une

guerre entreprise contre les chouans. La majorité de la
Chambre a donc été (ne voulant rien exagérer, nous ne
dirons pas la cause), mais le prétexte de l'odieuse révolte de
Paris, et c'est elle qui a rendu plus facile l'illusion criminelle dans la masse des fédérés.

Le succès des radicaux aux élections municipales de Paris
est la conséquence du même courant d'opinion ; c'est la
contre-action contre la réaction.

Ainsi, plus nous allons, plus la situation se tend.

Il n'y a que deux façons d'en sortir.

Ou bien la Chambre fait un coup d'État, et alors la majorité factice devient la majorité légale, et c'est elle qui gouverne avec des ministres à elle, des administrateurs à elle,
etc... Dans ce cas, le parti républicain passe à l'opposition
et prépare de nouveau un nouvel avénement de ses idées.
Cette conduite est celle que conseillent les journaux légitimistes.

Ou bien la chambre a la loyauté de reconnaître qu'elle
ne représente pas l'opinion de la majorité en France, et alors
alors elle se dissout et s'en remet aux électeurs, qui ont
maintenant des données suffisantes d'informations. Ces élections seront des élections incontestées, et les hommes honnêtes de tous les partis auront la loyauté de s'y soumettre,
quel qu'en soit le résultat pour eux.

Mais, de toute façon, il y aura une majorité parlementaire,
indiscutable, et l'on saura enfin sur quelle assise repose le
gouvernement de la France.

Voilà le seul moyen de refouler les hommes extrêmes du
parti révolutionnaire, car l'alternative que nous venons de
poser le complète par cette autre:

Ou la République triomphe dans de nouvelles élections
générales, ou bien elle est vaincue.

Si elle triomphe, c'est le parti républicain qui fait lui-
même la police chez lui, et veille à sa propre sûreté, en
éliminant les fous et les scélérats, que la netteté de la situation ne tardera pas à démasquer.

Si la République est vaincue, si le parti monarchiste a le

dessus, qu'arrivera-t-il ? C'est qu'au premier plan des oppo-
sants on trouvera les hommes de principes, les républicains
modérés, qu'on a été accoutumé à y voir sous tous les gouvernements monarchiques. Les temps sont changés, dira-t-
on ; soit, la démagogie est plus nombreuse et plus turbu-
lente, soit encore, mais les excès ne se produisent jamais de
but en blanc, et le 4 Septembre a été la transition à la Commune. Voilà ce qu'il faut reconnaître : dans les temps
calmes et réguliers, la politique n'a pas de ces incarnations
terribles ou grotesques, comme le conseil municipal de
Paris nous en présente quelques-unes.

Dans les deux cas, République ou Monarchie, le moyen
de rendre la tranquillité au pays, c'est de le replacer sur sa
base électorale, au lieu de le laisser plus longtemps sur la
tête d'un seul homme, qui, malgré tout son talent et toute sa
bonne volonté, ne peut plus le tenir en équilibre.

(*Mouvement* du 2 Août 1871).

XII

LA CRISE

La crise approche, c'est le *Français*, l'organe le plus ac-
crédité de la majorité, qui nous l'annonce. M. Thiers, irrité
des nouvelles complications que lui prépare l'interpellation
du général du Temple, aurait prononcé le mot de « démission » et de « fatigues politiques. »

Le fait est que la situation de M. Thiers n'a rien de bien
attrayant. Cet homme d'État, homme de pratique presque
universelle, savant en finances, en matière commerciale
(principes économiques réservés), organisateur excellent
des forces militaires, diplomate de premier ordre, alliant à
toutes les connaissances que donne une longue carrière

d'études spéciales, les notions et les renseignements techni-
ques que lui a apportés son expérience personnelle et le souvenir des hautes fonctions qu'il a occupées depuis 40 ans,
cet homme fin, sagace, pénétré plus que qui que ce soit des
nécessités exactes du moment, ne rencontre partout, dans
ses plans, dans ses idées, dans ses actes, que censure, défiance, contradiction, taquinerie ou tracasserie.

M. Thiers a la conscience de son immense supériorité sur
ses collègues, et ce doit être pour lui une cruelle sensation
que de voir cette Assemblée, où il espérait ne trouver que
des collaborateurs, se transformer en autant de joûteurs, de
champions qui, séparément, veulent se mesurer avec le vieil
athlète.

Au moins, la gauche, elle, observe ses engagements, soit
tacites, soit explicites, aussi bien ceux qu'elle a contractés à
Bordeaux, au début de la législature, que ceux qu'elle a acceptés le 2 Juillet, en se présentant partout sous les auspices
du chef du pouvoir exécutif. Ce n'est pas elle qui faillit au
contrat. Il faut lui rendre cette justice, ce n'est pas elle qui
crée des embarras à M. Thiers, et, dans ce parti, la disci-
pline est parfaite. Cet homme, autrefois si attaqué par les
Républicains, par tous les hommes qui sacrifient souvent
l'expérience à l'aventure, est aujourd'hui sacré pour tous ceux
qui reconnaissent loyalement les services qu'il nous a ren-
dus, sa bonne foi à l'égard de la République, et la tolérance
de sa conduite générale.

Mais M. Thiers est attaqué journellement par les monarchistes, faisant alliance avec les cléricaux, par les *Débats* et
par le *Français;* il est attaqué par les hommes qui ne veulent pas faire l'expérience de la République, qui voudraient
déjà avoir en poche leurs invitations aux bals de la cour, pour
présenter leurs femmes et leurs filles à Sa Majesté. Ceux-là
trouvent que M. Thiers manque de fermeté, que « les intérêts conservateurs sont toujours compromis en province, »
qu'il faut de la décision. Qu'est-ce que cela veut dire, sinon
que la République commence à lasser ces messieurs ?

Mais qui donc compromet les intérêts conservateurs, c'est-

à-dire les intérêts de la paix publique, et attente au respect
des institutions provisoires, si ce n'est le parti légitimiste,
avec ses pétitions turbulentes, ses manifestations royalistes?

Les intérêts conservateurs, mais nous avons la prétention
de les représenter, nous qui défendons la République em-
bryonnaire, contre ceux qui veulent l'étouffer; nous sommes
plus conservateurs que les réactionnaires qui veulent nous
ramener aux libertés *octroyées* de la Charte.

C'est une question de chronologie; les conservateurs
d'aujourd'hui sont les révolutionnaires de la Restauration,
ce sont les républicains modérés que M. Dupont (de l'Eure)
représentait en 1822 en compagnie de Lafayette et de
M. Lambrecht, peut-être le père du ministre actuel. C'était
la gauche, à cette époque.

Aujourd'hui que cette *gauche* représente bien évidemment
la majorité des intérêts politiques du pays, ne sont-ils pas de
vrais et sincères conservateurs, ceux qui veulent conserver
les laborieuses conquêtes de l'intelligence et de l'équité? Et
ceux qui mettent la chose publique en péril, ne sont-ce pas
ceux qui veulent rétablir des institutions déjà condamnées
et renversées en 1830 et en 1848, non pas par des révoltes
abominables dont on ait à rougir, mais par des mouvements
irrésistibles de l'opinion, où les coups de fusils n'ont joué
qu'un rôle secondaire.

M. Thiers qui sait tout cela, M. Thiers qui signa la protestation des journalistes en 1830, M. Thiers qui a vu tomber
M. Guizot en 1848, M. Thiers ne peut voir sans irritation reparaître des difficultés qu'il avait pu croire aplanies il y a
déjà 40 ans, et quand il assiste, après tant d'épreuves pourtant décisives, à l'éternel recommencement des mêmes er-
reurs, des mêmes fautes, et qu'il jette un coup d'œil sur ces
crânes impénétrables à l'endosmose du progrès, il parle de
donner sa démission, et de jeter le manche après une cognée
qui ne peut entamer une telle épaisseur réactionnaire, cela
se comprend, cela s'explique, et M. Thiers est bien excu-
sable.

Mais quand M. Thiers aura donné sa démission, quand le

coup d'État sera fait, quand la majorité électorale, repré-
sentée par la minorité parlementaire, aura subi la loi de la
minorité aristocratique qui ne veut pas renoncer à son siége,
est-ce que M. le général du Temple pourra suffire à toutes
les difficultés qui accablent M. Thiers, en admettant que son
parti le porte au ministère de la guerre ?

Que fera donc ce général qui se plaint de la mollesse du
gouvernement ? Il poursuivra les journaux, emprisonnera
les républicains, il mettra ce qu'on appelle de « l'énergie »,
et après ? fera-t-il refluer la pensée ? Combien de temps
durera son action ?

Il faudrait pourtant reconnaître que la politique ne s'en-
digue pas comme une force brutale, et que les idées se laissent diriger, mais qu'elles ne tolèrent pas qu'on les arrête.

Voilà ce que comprend M. Thiers, et ce que M. le général
du Temple ne comprend pas. Voilà pourquoi les républicains
n'attaquent plus M. Thiers, et voilà pourquoi les amis de
M. du Temple lui reprochent sa « mollesse. »

La crise qui doit dénouer la situation a déjà commencé ;
M. Thiers est en dissentiment avec la commission du budget,
en dissentiment avec la majorité sur la loi des conseils généraux, et de plus, M. du Temple l'interpelle « d'urgence, »
bien que M. Thiers l'ait prié par lettre de n'en rien faire.
C'est bien le commencement de la crise.

(*Mouvement* du 4 Août 1871).

XIII

LA TRANSACTION

—

La majorité recule devant la grave responsabilité qu'elle
encourrait en se laissant entraîner à un coup d'État monarchique ; quant à la solution loyale, qui serait de sa part une
démission collective, il n'en est pas encore question ; mais

cette idée juste, la seule qui soit sûre et aisément prati-
cable, finira par s'imposer avec une telle évidence, qu'a-
vant six mois, tout le monde s'écriera, dans les journaux et
dans la salle des pas-perdus, qu'il n'y avait que cela à faire,
et qu'on l'avait toujours dit.

Ou la Chambre aura fait son coup d'État, ou la dissolution aura été prononcée, ou bien, cela est encore possible,
M. Thiers aura fait un discours entraînant qui fera taire
les ambitions et les murmures pendant quelques temps encore. Mais ce n'est là qu'une prolongation d'agonie, ce sera
la lumière qui, au moment de s'éteindre, projette quelques
vives et suprêmes clartés.

Il est possible que la situation gagne au système orthopé-
dique de la transaction un redressement apparent ; il est
possible que, pendant quelques semaines, on entre dans la
voie des concessions mutuelles, et, qu'effrayé de part et
d'autre de l'imminence du péril, des abîmes qui s'ouvrent à
gauche et à droite, on cesse de s'obstiner sur la passerelle
du torrent, comme les deux chèvres de la fable, et qu'il y ait
un moment de répit dans cette lutte tête à tête, front à front,
mais, quoi qu'on fasse, c'est sur cette passerelle qu'on se
retrouvera ; elle est à elle seule tout le champ de bataille,
et, bon gré, malgré, à force de lutter, à force de reculer et
de se rapprocher, et de se heurter, on finira par perdre
pied et par tomber.

La transaction, c'est le répit, mais ce n'est pas la solution.

M. Thiers, qui connaît l'histoire comme pas un homme de
son temps, sait bien que les transactions finissent par des
catastrophes, et qu'une fois la lutte engagée sur le terrain
rigide et étroit des principes, il peut bien y avoir des sus-
pensions, des interruptions, des reprises d'haleine, mais
qu'il n'y a pas de réconciliation durable.

Les transactions proposées ne méritent pas l'examen.

M. Thiers déclare qu'il ne peut pas gouverner s'il n'a pas
le préfet dans la main, et si ce fonctionnaire, à son tour, n'a
pas la commission départementale à l'œil.

La majorité déclare que c'est là précisément toute la loi,

toute l'innovation, et qu'elle ne peut céder sans se déjuger. Il faut que le préfet disparaisse, qu'il n'en soit plus question dans le département, sinon pour lancer des arrêtés contre les chiens enragés ou autres actes équivalents de haute administration.

Voilà le débat, voilà les deux points opposés. La loi est, ou elle n'est pas : *To be or not to be.*

Que propose la transaction ?

De donner la présidence de la commission départementale à qui ? Au préfet, comme le demandait M. Thiers, pour gouverner plus facilement. Non ; au conseiller le plus âgé.

De telle sorte que la garantie nouvelle accordée à M. Thiers, pour la facilité de son gouvernement, est toute entière dans ce fait que le conseiller présidant au lieu d'être un jeune conseiller, sera un vieux conseiller, vraisemblablement ; car il pourrait arriver que tous les conseillers fussent jeunes, et que le plus âgé, ne fut pas âgé dans le sens courant du mot.

Et d'ailleurs, est-ce que l'âge, en politique comme en morale, est une considération à invoquer ; est-ce que les vieillards sont plus maniables et plus intelligents que les hommes jeunes ? C'est le contraire qui est vrai. L'entêtement est l'apanage de la viellesse. Par conséquent M. Thiers n'est nullement satisfait par cette transaction.

Voilà où nous en sommes, avec les expédients et les transactions, contre lesquels, Dieu merci, nous nous sommes élevé à temps ; nous en sommes à compulser des actes de naissance, et à faire la chasse aux vieux hommes pour nous mettre d'accord.

Et vous croyez que cela peut durer !

(*Mouvement* du 5 Août 1871).

XIV

LE JEU DES CENTRES

—

Quand les *centres* s'en mêlent, les choses vont mal. Voici venir aujourd'hui la litanie des centres. Le *Moniteur*, les *Débats*, le *Français* entonnent aujourd'hui cette antienne qui, si l'on s'en souvient, précéda de très près l'enterrement de l'Empire. Quand un gouvernement n'a d'appui ni à droite, ni à gauche, il se console en se disant qu'il a pour lui les centres. C'est avec les centres que gouverna M. Émile Ollivier ; le cabinet du 2 Janvier fut pris, à dose inégale, dans le centre droit et dans le centre gauche. A cette époque, le marquis d'Andelarre, l'homme des centres par excellence, était un personnage, et l'on suivait tous ses mouvements avec intérêt, presque avec anxiété. Un autre personnage était M. Jules Brame, autre homme du centre. Il y avait encore M. Clément Duvernois. Qu'arriva-t-il ? C'est que le jour où les centres combinés (nous ne dirons pas coalisés, qui est un trop vieux mot), ne soutinrent plus M. Émile Ollivier, celui-ci s'affaissa, et que les centres qui avaient été la base devinrent le faîte. On y prit des ministres, cela dura quinze jours, trois semaines au plus.

Ce souvenir, très présent à notre mémoire, ne nous permet pas de nous laisser aller à cette espérance fallacieuse de l'appui des centres, que l'on dit acquis par M. Thiers.

De quoi se composent les centres ? D'hommes du monde, aimables, faciles à vivre, instruits, polis, en bons termes avec tout le monde, ouvrant leurs salons à tous les adversaires politiques, qui là, selon l'expression reçue, se rencontrent sur « un terrain neutre, » et font ensemble la conversation sur les courses, la récolte et l'opéra !

Les centres (droite et gauche) ont ceci de remarquable, qu'ils permettent à tous les membres d'une Assemblée de jouer à ce jeu innocent qu'on appelle le furet, et de se renvoyer l'anneau sans qu'on puisse jamais savoir où il est.

Mais ce n'est pas en mettant un fil entre les mains de M. Tolain, en le faisant passer par celles de M. Baragnon, qu'on arrivera à produire une entente durable, un accord solide. *Avec les centres jouant des bras et se touchant souvent la main sans se la serrer, M. Thiers sera bien embarrassé ; et quand il se jettera précipitamment entre la droite et le centre droit, il n'y aura plus rien, l'enjeu aura glissé et il sera dans les parages du centre gauche.*

Chercher l'équilibre parlementaire sur des centres, c'est mettre un clocher à une barraque, c'est bâtir sur le sable mouvant. Comme dit la ballade :

> Souvent centre varie,
> Bien fol est qui s'y fie.

nous ne nous y fions pas.

(*Mouvement* du 6 août 1871).

XV

LE PARLEMENTARISME

—

Le seul point important dans la proposition du centre gauche, est celui sur lequel on est pas d'accord. La durée des fonctions de M. Thiers, trois ans, cinq ans, ne signifie rien, comme on l'a très bien dit, l'avenir n'appartenant ni à M. Thiers ni à nous. Ce qui aurait une valeur réelle, ce qui donnerait à la population le caractère d'une solution possible et prochaine, *ce serait le droit accordé au pouvoir exécutif de dissoudre l'Assemblée.*

Voilà la partie vive du débat, le reste n'est rien. Si M. Thiers à le *droit de dissolution*, c'est le parlementarisme provisoire, ce qui vaut mieux à coup sûr que la dictature d'une Assemblée nationale, à qui l'on répète tous les jours qu'elle est souveraine, ce qui est vrai en fait, et ne l'est pas en droit. Oui, l'Assemblée est souveraine mais il n'était pas dans l'intention du pays de lui décerner la souveraineté le 8 février ; son mandat, au contraire, était limité. Il n'y a plus qu'elle en France qui ne sache pas cela, ou feigne de ne pas le savoir.

Le jour où le *droit de dissolution* accordé à M. Thiers est exercé par lui, les choses changent et la nation reprend sa souveraineté, qu'elle a pu déléguer, mais qu'elle n'a pas pu aliéner. Elle redevient maîtresse d'elle-même, et juge en dernier et suprême ressort entre le pouvoir exécutif et le pouvoir législatif ; nous l'avons dit, c'est le parlementarisme, avec la couronne en moins.

Tout se passera exactement comme sous la monarchie de Juillet. M. Thiers gouvernera avec la majorité tant que celle-ci le voudra bien ; et le jour où celle-ci cessera de le vouloir, M. Thiers régnera tout seul, jusqu'uà ce qu'une nouvelle élection prononce entre son ministère et la Chambre dissoute.

Le centre gauche, s'il veut que sa proposition ait une portée politique, doit surtout insister sur ce droit de dissolution. Si M. Thiers n'est pas pourvu de cette liberté nécessaire à tout pouvoir exécutif, son martyr sera toujours tout aussi incessant qu'avant la proposition mais il sera plus aigu et plus pénible, car M. Thiers ne pourra plus s'y soustraire avec autant de facilité qu'il pourrait le faire maintenant.

Prorogez le pouvoir de M. Thiers si cela vous convient, il n'y a à cela ni bon ni mauvais ; c'est nul comme effet, comme poids, comme stabilité. Le lest de la proposition, ce qui lui permet de se tenir debout, c'est le *droit de dissolution conféré au chef du pouvoir exécutif.*

Refaites le chemin, puisque vous vous êtes trompés de route, et repassez par le parlementarisme, pour en revenir à la République. (*Mouvement* du 7 Août 1871).

Les nouvelles que nous recevons aujourd'hui au sujet de la proposition du centre gauche, viennent, hélas ! à l'appui des doutes que nous avons émis sur l'efficacité de la mesure. On ne s'entend décidément pas. Il y a peut-être, dans cette Assemblée, un peu plus d'esprit de conduite qu'on ne l'aurait cru. L'habitude de voir la politique d'un peu près et d'en faire un peu soi-même, a modifié la tournure des esprits, et nous devons constater que la Chambre a l'intuition, sinon la perception bien exacte de la précarité du projet qui lui est soumis. Cette impossibilité où l'on est de s'accorder, prouve que la Chambre a fait réellement des progrès, qu'elle se voit telle qu'elle est, qu'elle se mire dans la glace et se rend justice. Elle sent enfin qu'elle ne peut rien conclure, qu'elle est impuissante à engager l'avenir et que, pour lier un pays, ne fût-ce que pour quelques mois, il faut une autorité qui lui manque, et que la délégation qu'elle confierait à M. Thiers serait, comme elle, éphémère.

(Mouvement du 8 Août 1871).

XVI

ADNET-RIVET

—

Quand on vit loin de Versailles et de ses œuvres, on demande la dissolution de l'Assemblée, au nom des principes, au nom du respect dû à la démocratie, au nom enfin du redressement de toutes les grandes vérités de la société moderne, que l'incrustation de l'ancienne noblesse au rocher parlementaire tend à faire fléchir et à entraîner de plus en plus dans l'abîme; mais quand on vit à Versailles même, on découvre, en faveur de la dissolution, des motifs d'un intérêt plus immédiat et d'une nécessité plus urgente. On voit de plus près, on touche du doigt cette vérité que la Chambre, non-seulement n'est pas capable de gouverner le pays, mais encore qu'elle est dans l'impossibilité de se conduire elle-même.

Cette pauvre Assemblée n'a même plus assez de convictions individuelles dans son sein, pour arriver à parfaire une majorité. Il y avait une majorité, il n'y en a plus ; il y avait un danger ostensible, apparent, il a fait place à un péril caché. Ils étaient à peu près cinq cents qui pensaient nous ramener Henri V ou le duc d'Aumale, qui menaçaient la République, ils ne sont plus aujourd'hui que trois cents, il y en a deux cents qui ont changé de bord. On avait devant soi des monarchistes, carrés comme M. Dahirel, ronds comme M. Baragnon, ou pointus comme M. Baze ; mais on avait devant soi des monarchistes ; aujourd'hui ce n'est plus cela, la proposition Rivet, en voulant préciser quelque chose, en essayant de saisir corps à corps ces apparences de députés, a permis de reconnaître que ce n'étaient que des fantômes, des ombres de députés votant des ombres de lois. Voilà ce que l'on a découvert, voilà ce qu'on sait aujourd'hui et ce que l'on ne savait pas hier, mais, en ce qui nous concerne, nous ajouterons sans aucune modestie : voilà pourtant ce que nous avons dit, il y a longtemps, quand nous avons prémuni nos lecteurs contre ce que nous avons appelé LE JEU DES CENTRES. Le voit-on, le jeu des centres ? voit-on où mènent ces compromis parlementaires, ces ridicules pourparlers entre gens qui se regardent sans rire, se chuchottent mutuellement des choses graves à leurs graves oreilles, se réunissent dans de petites réunions, se racontent des petits faits, et prennent des petites résolutions ? C'est Pierre qui préside aujourd'hui. Quel personnage ! il a accepté de s'entendre avec le comité que préside Jean ! Que va-t-il sortir de ce rapprochement ? Quant à Paul, lui, il ne veut entendre parler de rien, pas de fusion, etc. ; et le public est là, béant, qui prend au sérieux et regarde les allées et les venues de toutes ces personnes honnêtes, qui font ce qu'elles peuvent, c'est-à-dire rien.

Est-ce que cette expérience suffira pour éclairer les électeurs et leur faire juger à leur juste valeur ces remous parlementaires où tout tourne sans avancer, tandis que le courant populaire est plus loin qui marche, lui, et ne s'arrête
jamais !

Voilà quinze jours qu'ils parlent de la proposition Rivet ;
voilà quinze jours qu'ils vont de conciliabule en conciliabule, intriguant entre eux, regardant de temps en temps la
France à travers leurs lunettes de myopes, à quoi ont-ils
abouti ? Où en sont-ils ? Ils en sont là : c'est qu'il y a maintenant trente-cinq voix de majorité pour repousser la prorogation des pouvoirs de M. Thiers, et que la Chambre se par-
tage en deux parties à peu près égales, d'indécis, d'irrésolus,
d'hommes sans volonté, sans décision, sans énergie, sans
programme, sans but ; nous nous trompons : n'ayant de but
que de rester députés quand même, et qui, n'osant pas
affronter le suffrage universel, se contentent de le braver !

Voilà ce qu'on voit à Versailles. On voit passer tous les
matins comme des gens satisfaits, portefeuille au bras et
sourire aux lèvres, ces hommes charmants, bien mis, contents de vivre, heureux de voir leur salle de séances toute
garnie d'élégantes femmes et se rendant, *cahin-caha,* au
petit train de leur digestion, dans leurs bureaux. Ils font des
petits signes de tête bienveillants, sont contents d'eux-
mêmes et le laissent voir, et s'avouent, en confidence in-
time, que la République française du *statu quo* est, à tout
prendre, assez tolérable.

Et voilà sept mois que cela dure ! Pendant ce temps-là,
nous payons cinq milliards à l'Allemand vainqueur, nous
chiffrons nos pertes et nos frais de guerre à peu près au
même taux, nous évaluons que l'Alsace et la Lorraine nous
enlèvent plus de quatre milliards ; nous avons les ruines de
Paris, nous avons toutes les plaies de la guerre et de l'in-
surrection qui saignent encore ; l'armée n'est pas réorganisée ; l'instruction n'est pas décrétée ; mais, en revanche,
la France a pu se demander pendant quinze jours si la
proposition Rivet l'emporterait sur la proposition Adnet, ou

bien, si la proposition Adnet l'emporterait sur la proposition Rivet ; qu'elle apprenne donc aujourd'hui que la proposition Rivet pourra bien être battue par la proposition Adnet, à moins que la proposition Rivet, ne se relevant d'un premier échec, ne finisse par avoir le dessus sur la proposition Adnet !... Figaro « se pressait de rire de tout, de peur d'être obligé d'en pleurer ! » Rions donc s'il en est temps encore !

(*Mouvement* du 20 Août 1871).

XVII

DE L'INUTILITÉ DE L'ASSEMBLÉE

La Chambre s'imagine-t-elle que si la situation provisoire où nous sommes a pu être maintenue jusqu'ici sans encombre, on lui en doive quelque reconnaissance? Si la Chambre croyait cela, elle se tromperait.

Elle a tout fait dans ses séances publiques, comme dans ses bureaux, comme dans ses commissions, comme dans ses réunions, pour mettre M. Thiers en demeure de résilier un pouvoir, dont elle lui rendait l'exercice si pénible. Elle a abreuvé M. Thiers de dégoûts de toutes sortes ; elle l'a suspecté, elle l'a fouillé, pour ainsi dire, et peu s'en est fallu qu'elle n'ait fait de lui un complice du 18 Mars. Dans sa politique générale, comme dans sa politique administrative, M. Thiers a toujours vu devant lui la majorité hostile, et ce n'est qu'à force de science et d'habileté qu'il est parvenu à triompher du mauvais vouloir qu'elle n'a cessé de lui opposer.

La majorité a subi M. Thiers en grondant, mais elle ne l'a pas soutenu ; c'est le pays qui a soutenu M. Thiers. C'est la presse qui a fait l'effort de taire ses rancunes, ses griefs, et même jusqu'à ses principes, pour apporter un concours

de tous les instants au chef du pouvoir exécutif. Les plus
radicaux ont rentré leurs griffes, fermé à demi les yeux, et
subi la loi de cette force intellectuelle et morale incarnée
dans le chef du pouvoir exécutif. C'est avec la presse, c'est
avec l'opinion que M. Thiers a pu gouverner jusqu'à aujour-
d'hui, et il a gouverné contre la Chambre, malgré la Chambre. Et pourquoi l'opinion a-t-elle suivi M. Thiers ? c'est
parce qu'elle l'a trouvé loyal, fidèle gardien de la République, et en lutte presque constante avec MM. les che-
valiers de Saint Louis.

Non-seulement l'Assemblée n'est pas nécessaire, mais
encore elle n'est plus utile ; elle a eu son heure, elle a re-
présenté la France, le 8 Février, après la capitulation de
Paris, après le désastre de Bourbaki, alors que les forces de
la malheureuse nation étaient à bout ; elle a conduit le deuil
de la patrie vaincue, et elle a dû mettre l'or dans les mains
des tortionnaires. Telle a été sa mission ; elle l'a remplie ;
mais il y a une heure où ceux qui sont chargés des missions
douloureuses doivent s'effacer d'eux-mêmes et disparaître ;
il y a une heure où de certains cortéges doivent se dis-
perser.

L'Assemblée actuelle ne sert à rien ; M. Thiers fait d'elle
à peu près ce qu'il en veut faire ; il la mène et la mènera
toujours. Voilà ce qu'il faut reconnaître : s'il cessait de la
mener, il ne serait plus chef du pouvoir exécutif, il ne
pourrait plus rien faire, puisque d'intention elle réprouve
tous ses actes, quitte à les ratifier ensuite.

M. Thiers mène la Chambre ; que peut-elle lui donner
qu'il n'ait déjà ? Elle peut lui dire au scrutin qu'elle l'aimera
pendant trois ans ? Oh puérilité ! inanité de la politique de
cohue, où l'on se met sept cent cinquante pour en arriver à
faire jouer à la France le rôle de ces barbons sentimentaux
qui font si volontiers des pactes avec les longues amours.

A quoi sert de prolonger platoniquement les pouvoirs de
M. Thiers ? Cela peut-il les confirmer, les étendre ? Que se
passerait-il dans le cas d'une solution affirmative en faveur
de la prorogation, qui ne pût se passer sans cette proroga-

tion ? Où est la différence des deux situations ? Qu'est-ce que celle-ci ajoute à celle-là ? L'Assemblée a voté contre M. Thiers dans la question romaine, personne n'y a fait attention ; on a fait ce que font les gens superstitieux qui se livrent à des pratiques de divination, et qui recommencent jusqu'à ce que la réussite soit clairement présagée. On a recommencé.

Que M. Thiers soit prorogé ou ne le soit pas, c'est tout un ; l'accord est nécessaire, on s'accordera toujours. La Chambre n'est rien sans M. Thiers, les élections du 2 Juillet le lui ont prouvé : elle ne l'ignore pas et c'est ce qui fait sa modération. Quant à M. Thiers, il peut être quelque chose sans la Chambre ; il peut gouverner, mais il ne doit rien être contre elle. Il le sait, et c'est ce qui fait sa loyauté.

La Chambre actuelle est donc absolument inutile ; M. Thiers sera loyal sans elle ; quant à elle, elle serait impuissante sans lui ; elle serait découverte, et, devant le pays, elle ne tiendrait pas huit jours à l'examen. Voilà pourquoi nous ne nous occupons qu'accessoirement de toutes ces petites ébullitions parlementaires, tant qu'il n'est question que de régler le rapport de la Chambre et de M. Thiers...... Eh ! mon Dieu, il y a longtemps qu'ils sont réglés ! A quoi bon les légitimer ! il n'y aura pas de postérité.

PÉTITION A L'ASSEMBLÉE NATIONALE

POUR LUI DEMANDER SA DISSOLUTION

—

L'idée de la dissolution de l'Assemblée, dont nous avons été des premiers promoteurs, fait son chemin. Nous apprenons qu'une pétition se signe à Lyon dans ce sens. Nous serions heureux que la même chose se produisit à Bordeaux. En conséquence, nous engageons tous ceux de nos lecteurs qui sont d'avis que l'Assemblée devrait se dissoudre, à nous envoyer, soit à nous, soit à nos confrères, leur adhésion. Nous publierons ces signatures à mesure qu'elles nous parviendront. Le texte de la pétition n'a besoin que d'être très simple et très concis, car les considérants sont dans l'esprit de tout le monde. Voici celui que nous proposons :

Les soussignés, convaincus que les divers éléments qui composent l'Assemblée nationale sont destinés par leur origine différente à soutenir entre eux une lutte de principes stérile et continue, qui ne peut mener le pays à rien de définitif ni de stable ;

Adressent à l'Assemblée nationale une pétition ayant pour but de l'engager, dans l'intérêt du pays, à se dissoudre, après avoir convoqué les électeurs à de nouvelles élections qui, cette fois, éclairées par une année d'expérience, seront l'expression définitive des vœux réels du pays.

Ont signé :

Louis LIÉVIN. — G. KREUTZBERGER. — Prosper MORLAAS. — F. LACOSTE. — M. SIDAINE.

(*Mouvement* du 21 Août 1871).

XVIII

On lit dans le *Progrès de Lyon* :

« Nous sommes arrivés, dit-il, à ce moment décisif où l'action doit remplacer la parole, si nous voulons assurer le maintien de la paix intérieure en sauvant la République des embûches que les partis monarchiques lui tendent de toutes parts. Les républicains du Rhône l'ont compris et se sont mis immédiatement à l'œuvre. Aujourd'hui même, de nombreux exemplaires de la pétition qui a paru hier dans nos colonnes et qui invite l'Assemblée à se dissoudre pour faire place à une Constituante, parviendront dans toutes les communes du département, ainsi que dans un grand nombre de localités des départements voisins.

» Nous invitons de la manière la plus pressante nos concitoyens à couvrir le plus rapidement possible de leurs signatures chacun de ces exemplaires, et à nous le renvoyer sans retard, après l'avoir fait légaliser par le maire de chacune des communes où les signatures auront été recueillies. QU'ILS NE SE LAISSENT ARRÊTER PAR AUCUNE CRAINTE; QU'ILS BRAVENT TOUTES LES INTIMIDATIONS; LE DROIT DE PÉTITION EST FORMELLEMENT CONSACRÉ PAR LA LOI, ET PERSONNE NE PEUT EMPÊCHER OU EN ENTRAVER l'exercice sans s'exposer à de graves pénalités. Saisissons cette occasion de prouver que les Français ne sont pas aussi complètement dépourvus de courage civique que le prétendent nos détracteurs du dedans et du dehors.

» La chose, d'ailleurs, en vaut la peine. Si nous voulons en finir avec un provisoire qui autorise toutes les conspirations des partis monarchiques et fait de notre malheureuse France le champ clos des luttes odieuses que se livrent entre eux les légitimistes, les orléanistes, les bonapartistes pour redevenir nos maîtres. Si nous voulons acquérir cette sécurité du lendemain sans laquelle le commerce et l'industrie ne peuvent que languir; si nous voulons le rétablissement de l'ordre dans les esprits comme dans la rue, concertons tous nos efforts pour l'obtenir par une pression irrésistible de l'opinion : la dissolution d'une Assemblée dont la majorité se trouve séparée par un abîme du sentiment politique de la nation, comme l'ont prouvé d'une manière éclatante les élections foncièrement républicaines du 2 juillet. »

Ajoutons à cet appel énergique ce que nous avons dit déjà et ce que le *Journal des Débats* faisait également remarquer hier, c'est-à-dire qu'il n'y a même plus de majorité. « Comment veut-on que le pays se rassure, disait M. John Lemoinne, et reprenne confiance quand il voit l'Assemblée partagée en deux parties égales, et par conséquent incapable de produire un gouvernement viable.... Est-ce que, dans une Assemblée de 700 membres, on peut fonder quelque chose sur une différence de 35 voix, qui peuvent passer d'un côté à l'autre au gré des circonstances ! » Voilà les considérations politiques qu'il faut surtout invoquer. Nous avons, en leur temps, exposé toutes les questions de doctrines et de principes que résume l'article du *Progrès de Lyon* ; aujourd'hui nous insistons sur les impossibilités matérielles où va se trouver la Chambre, sans majorité. C'est le chaos, c'est la confusion, c'est l'agitation sans fin et sans solution. Qu'on y réfléchisse bien sérieusement, la chose en vaut la peine.

(*Mouvement* du 22 Août 1871).

XIX

On lit dans la *Guienne* :

Notre confrère le *Mouvement* marchait d'un pas tranquille, et l'opinion publique ne s'occupait peut-être pas assez de lui lorsque passe une idée : *dissolution de la Chambre.*

Et vite une pétition pour demander cette dissolution, suprême espérance de nos républicains ; et vite un article pour appuyer cette pétition. Et quel article ! Nous n'en donnons que le titre, mais il est beau : *De l'Inutilité de l'Assemblée.*

On voit cela d'ici. C'est malgré la Chambre que M. Thiers a sauvé, en partie, la France, et les Républicains n'ont besoin ni de l'Assemblée, ni de M. Thiers pour achever de nous sauver. M. Rivet et la coterie veulent nous condamner modestement « à trois ans. » Laissons faire notre honorable confrère le *Mouvement* et les autres partisans de la dissolution : ils nous condamneront « à perpétuité. »

CH. DE BATZ-TRENQUELLÉON

Nous n'avons pas attendu que l'idée de la dissolution de de la Chambre passât, pour la saisir. Pour nous, c'est une vieille connaissance, et notre pétition n'a pour but que de faire un accueil amical à une idée qui nous est d'autant plus chère, que nous avons collaboré quelque peu à sa conception. Dès le 18 Juillet, nous avons demandé la dissolution de la Chambre, nous fondant sur le résultat des élections du 2 Juillet. Depuis, nous n'avons cessé, quand l'occasion s'en est offerte, de reproduire notre argumentation en faveur d'un appel général aux électeurs. Nous avons pour cela deux raisons, ou plutôt une raison et une espérance. Notre raison, c'est que la majorité de la Chambre apppartenant à l'opinion monarchique, ne peut qu'engager le pays dans une voie de plus en plus conforme à ses vues, et conséquemment de plus en plus opposée aux nôtres.

Notre espérance, c'est que la majorité des électeurs, suffisamment éclairée par une expérience de huit mois, enverra à la Chambre une majorité de républicains modérés, ou tout au moins des représentants sincères de la démocratie. Dans ce cas, non-seulement nous ne serions pas comdamnés « à perpétuité » ou même « à trois ans, » mais nous serons absolument libres et en mesure de renouveler les hommes et les choses à l'abri de ces tiraillements parlementaires qui affligent tous ceux qui ont quelque souci de la dignité de leur pays. On pourrait voir alors si la France est réellement aussi épuisée qu'on le dit, et s'il n'y a d'hommes de vigueur, d'énergie, d'intelligence que parmi les septuagénaires. Nous croyons que l'enquête serait favorable aux générations plus jeunes, qui n'ont pas encore été exploitées sérieusement depuis la chute de l'empire.

(*Mouvement* du 23 Août 1871.)

XX

SOLUTION-DISSOLUTION

—

Tous les actes du gouvernement portent en tête de leur rédaction ces mots : *République française*. Le *Journal Officiel* porte en sous-titre : *De la République française*. Quand le maréchal Mac-Mahon se fut emparé de Paris, il intitula ses premières proclamations : *Armée de Versailles*. Au bout de quelques heures, sur l'observation qui, probablement lui en fut faite, il changea cette suscription et arbora franchement la rubrique : *République française*. La

République a donc en sa faveur l'existence de fait, et le pacte de Bordeaux n'a jamais eu la prétention de mettre sur le même pied les chances aléatoires de la monarchie et l'existence de la République déjà consacrée par des victoires et des revers, par le siége de Paris, par une solidarité nationale établie sur la communion des souffrances de la République, nettement affirmée d'ailleurs par les élections du 2 juillet.

Les journaux qui considèrent le gouvernement actuel comme un gouvernement absolument impersonnel et indéfini, à la brigue duquel tous les partis sont en droit d'avoir des prétentions égales, ont tort. Le pacte de Bordeaux est plutôt une concession qu'une convention. La situation parlementaire du pays, faussée dès son origine, ne pouvait être dénouée que par une solution radicale dont personne ne voulait, que personne ne songeait à exiger, alors que la France se retrouvait, après tant de malheurs, unie dans la même pensée de paix et de pacification. Une transaction à cette époque était nécessaire, mais qui dit transaction dit provisoire, et le pacte de Bordeaux ne pouvait être que le provisoire dans le provisoire.

Le propre d'une transaction est de s'appliquer à des faits momentanés, bien déterminés; et d'amener des exigences de valeur et d'importance égales, à attendre de l'avenir leur satisfaction définitive, à se contenter pour le moment d'une répartition équitable d'indemnités morales.

Au lieu de ne voir dans le pacte de Bordeaux que l'expression de ce sentiment de conciliation, les monarchistes y ont vu une sorte d'armistice qui réservait toutes les chances de la lutte jusqu'au jour où cette lutte aurait lieu.

Soit ! mais ne résulte-t-il pas de cette interprétation trop large, selon nous, mais enfin généralement admise, que l'éventualité d'une nouvelle lutte électorale était comprise implicitement dans la conclusion du pacte de Bordeaux même ? La solution du pacte ne peut être que l'expectative d'un résultat plus accentué, soit en faveur du parti républicain, soit en faveur du parti monarchique. Si ce n'est pas cela qu'on a entendu réserver, qu'a-t-on voulu réserver ? Que quelqu'un de ces Messieurs nous le dise.

Il est toujours aisé de qualifier les choses ; avec un peu d'expérience et de style, on peut aller loin ; mais ce ne sont là que des paillettes plus ou moins brillantes, qui ne scintillent qu'à la surface. Quand on approfondit les sujets qu'on traite, on se défie des adjectifs substitués aux arguments.

Dire, par exemple, que les journaux *démagogiques* seuls demandent la dissolution, est une de ces formules bourgeoises que nous voudrions ne pas voir figurer dans le *Français*. La *démagogie* n'a rien à gagner à des élections nouvelles ; c'est le parti modéré, c'est nous, hommes de la logique et de l'exactitude, hommes de notre temps qui ne voulons pas être représentés par des châtelains récalcitrants, qui gagnerons à la dissolution ; c'est la démocratie modérée qui émargera cette fois du suffrage universel éclairé par une année de souffrances et huit mois d'agitations parlementaires.

Voilà pourquoi nous avons demandé la dissolution de l'Assemblée dès le 18 juillet, alors que les radicaux n'y songeaient guère, et étaient tout entier à savourer le triomphe des élections du 2 juillet. Nous en avons, les premiers, tiré les conséquences, en vue justement d'éviter ces expédients de propositions, de contre-propositions, les Rivet, les Adnet, celui-ci, celui-là, M. Baze, M. Dahirel, et l'un et l'autre, et M. Belcastel, et M. Ravinel, et M. Desjardins, et M. Baragnon, toutes ces médiocrités bruyantes à qui la réduction du cadre politique et l'amoindrissement de la scène permettent, un jour, une heure, de passer pour des personnages, et de faire croire qu'ils jouent un rôle, parce qu'ils remuent les lèvres et les bras.

Ce spectacle nous afflige ; l'exemple de la médiocrité triomphante est des plus pénibles, surtout après un bouleversement comme celui auquel nous venons d'assister, après lequel il est permis d'espérer que des aptitudes pleines de sève et d'originalité allaient se produire, et qu'on allait voir se relever une France moins puissante par les armes, mais plus grande par la pensée.

Au lieu de cela, qu'avons-nous vu ? l'Assemblée de Versailles ! Que voyons-nous ? l'Assemblée de Versailles ! Et l'on veut que nous conservions à la face de l'Europe et du monde, en 1870, une Assemblée nationale, qui eût renié Lafayette et sifflé Mirabeau !

Le *Français* dresse aujourd'hui devant nous le spectre du *césarisme !* Nous n'en voulons pas plus que lui, du césarisme. Nous n'aimons guère les dominateurs ni les dictateurs ; mais s'il est quelque chose qui puisse hâter le retour du despotisme d'un seul, ce serait le spectacle prolongé de l'impuissance du nombre. Si quelque chose peut jeter le pays dans les bras d'un maître, c'est le dégoût que peut lui inspirer la faiblesse d'une Assemblée. C'est justement parce que nous ne voulons pas du césarisme, ni de tout ce qui finit en *isme*, que nous réclamons une solution patriotique, dictée par le suffrage universel : Cette solution, c'est la dissolution.

(*Mouvement* du 24 Août 1871.)

XXI

LE RENOUVELLEMENT PARTIEL

—

La *Liberté* cherche, comme nous, un remède à la situation impossible qui nous est faite par la majorité de l'Assemblée. A défaut de la mesure radicale que nous avons proposée des premiers, n'ayant jamais perdu de vue le sens des élections du 2 juillet, et qui est la dissolution, la *Liberté* recommande, comme terme moyen, la permanence de l'Assemblée avec renouvellement partiel de ses membres :

La permanence de l'Assemblée souveraine se renouvelant insensiblement par fraction, sans secousse, sans agitation, ainsi qu'a eu lieu, le 2 juillet dernier, l'élection partielle de 115 députés, non-seulement ne porterait aucune atteinte à la situation de M. Thiers, mais elle la consoliderait; car rien n'empêcherait que le décret qui érigerait la permanence de l'Assemblée législative en forme définitive de gouvernement ne définît et même n'étendît les attributions du « président du conseil, chef du pouvoir exécutif de la République française. »

Le principe politique exposé dans cette proposition nous est d'autant plus sympathique, qu'on lisait, dans la *Liberté* du 15 juin 1871, les lignes qui suivent :

Nous n'aborderons pas le côté politique de la question, que nous nous contenterons d'indiquer, et nous n'examinerons pas, à l'encontre de M. de la Ponterie, si ce *renouvellement partiel*, précisément parce qu'il s'opérera dans des circonstances différentes de celles qui ont présidé à la formation de la majorité de l'Assemblée, n'y introduira pas l'indication très précieuse, si elle est sincère, des modifications qui se sont produites dans l'esprit public depuis le 8 Février. Nous ne voyons aucun inconvénient à ce que cette constatation essentielle soit affirmée par des élections; *nous croyons, au contraire, que ce renouvellement partiel, vu son importance numérique, peut devenir l'occasion d'un essai sérieux, qui, plus tard réglementé et régularisé, serait une des bases de notre constitution.* Il fournira à coup sûr le prétexte d'une discussion sur la durée des pouvoirs publics et sur leur mode de renouvellement. — Louis LIÉVEN.

Théoriquement, nous n'avons pas changé d'avis, et le renouvellement partiel des Assemblées nous compte au nombre de ses partisans, mais les événements parlementaires sont tels, et marchent avec un tel heurt, et roulent avec un tel cahot, que la pratique d'une mesure aussi sage ne nous paraît plus réalisable. Voilà pourquoi, allant plus loin, pour arriver plus vite, nous avons demandé et demandons, purement et simplement, la dissolution.

Un de nos correspondants démontrait hier avec talent que la proposition Rivet et la dissolution sont deux thèmes qui s'excluent, et que qui veut l'une ne veut pas l'autre.

C'est parfaitement notre avis; aussi nous, qui demandons la dissolution depuis le 18 Juillet, et qui l'aurions demandée dès le 3 Juillet si nous avions été né, nous n'avons jamais accordé la moindre attention à la proposition Rivet, ni fait l'honneur à cette réclame de la prendre au sérieux. Nous avons successivement signalé comme de vains amusements les centres et leurs réunions, et avons toujours mis nos lecteurs en garde contre cette misérable tendance des expédients. Nous savions qu'on n'en sortirait pas, et l'on n'en sortira pas.

On s'en aperçoit aujourd'hui, et l'on commence à louvoyer dans l'espoir de gagner le port. On n'y arrivera pas par ces moyens-là. Que la *Gironde* trouve le pétitionnement « prématuré, » c'est tout naturel, puisqu'elle a recommandé au début la proposition Rivet; mais nous, qui ne l'avons jamais appuyée, qui, au contraire, l'avons déclarée, dès le principe, impraticable, et jugée comme ne résolvant rien, nous trouvons le pétitionnement éclos à point, et nous saluons en lui l'exercice opportun, s'il le fut jamais, d'un droit inappréciable que nous avons acclamé en toutes circonstances, et dont nous avons maintes fois signalé l'influence excellente sur la marche des affaires en Angleterre. Pétitionnons ! la pétition, c'est le scrutin en permanence !

(*Mouvement* du 27 Août 1871).

Voici le projet de dissolution de la Chambre lu par M. Gambetta dans la réunion de l'Union républicaine :

Considérant que l'Assemblée nationale actuelle, élue aux termes de l'article 2 de l'armistice reproduit par le décret de convocation des électeurs, n'a reçu du suffrage universel qu'un mandat limité à la question de la paix et de la guerre;

Considérant que, depuis sa réunion, l'Assemblée nationale, d'accord avec le sentiment public, s'est abstenue d'entrer dans le domaine constituant; qu'elle s'est volontairement interdit, par l'organisation même d'un pouvoir exécutif qui n'est que son émanation, tout empiétement contraire à la nature et au caractère de son mandat;

Considérant que le pays, de son côté, par les élections complémentaires du 2 Juillet, a manifesté énergiquement sa volonté de retenir le pouvoir constituant jusqu'à de nouvelles élections générales ;

Considérant qu'en dehors du règlement de la question de paix ou de guerre et des conséquences qui s'y rattachent, l'Assemblée nationale, vu son origine et sa composition, ne peut rien résoudre ni rien fonder ; qu'en effet, les partis et les opinions y sont représentés avec des valeurs numériques respectives telles, qu'il est impossible d'y former une majorité gouvernementale durable et efficace ; qu'en cet état, l'Assemblée s'expose à accroître et à perpétuer le malaise général du pays et à s'épuiser elle-même dans des luttes à la fois passionnées et stériles ;

Considérant que les prétendus remèdes proposés jusqu'à ce jour ne sont que des expédients compromettants à la fois pour le régime des Assemblées et pour l'autorité nécessaire du gouvernement ; que leur adoption impliquerait, au premier chef, l'exercice du pouvoir constituant, et que, dès lors, tant en fait qu'en droit, il serait porté une double atteinte aux prérogatives souveraines du suffrage universel et aux intérêts matériels du pays, que la prolongation d'un système gouvernemental justement considéré comme provisoire exposerait à toutes sortes de surprises et d'aventures ;

Considérant en outre qu'entre un pouvoir présidentiel indépendant constitué pour une période triennale et une Chambre indissoluble, il n'y a pas d'arbitre, et que les conflits ne rencontreront nulle autorité souveraine capable de les trancher et de les dénouer ; que ce serait exposer le pays volontairement aux crises les plus violentes et peut-être à des entreprises illégitimes d'un des deux pouvoirs sur l'autre ;

Considérant que la création d'une Assemblée constituante, composée d'hommes ayant reçu du suffrage universel l'incontestable mandat de fixer et régler le régime sous lequel la France entend vivre et se gouverner elle-même, est le seul moyen d'assurer la stabilité des institutions et la sécurité des intérêts, de soustraire la patrie aux compétitions des partis et de la rendre aux grandes et légitimes préoccupations de son avenir ;

Considérant dès lors que la dissolution de l'Assemblée nationale actuelle est la meilleure et la plus favorable issue aux maux qui nous travaillent, les représentants du peuple soussignés proposent :

Art. 1er. — L'Assemblée nationale est dissoute à partir du jour qui sera ultérieurement fixé dans les bureaux.

Art. 2. — L'acte de dissolution de l'Assemblée portera indication du jour de convocation des électeurs pour la nomination d'une Assemblée constituante.

Art. 3. — M. Thiers reste investi des fonctions qui lui ont été confiées par l'Assemblée nationale en qualité de chef du pouvoir exécutif de la République française, et remettra ses pouvoirs à l'Assemblée constituante.

Le projet déposé par MM. Louis Blanc, Boissey, Ferrouillat et Millaud, est ainsi conçu :

Considérant que le pays a besoin de calme pour réparer ses désastres, reconquérir sa prospérité et remplir, dans le plus bref délai possible, les obligations que lui impose le traité de paix ;

Considérant que l'occupation par la Prusse d'une partie de notre territoire, ajoute aux motifs qui font de la stabilité une nécessité impérieuse ;

Considérant que l'Assemblée, partagée en deux grandes factions opposées, à peu près égales, se neutralise elle-même, qu'elle s'épuise en débats ardents et en agitations stériles, qui risquent de lui enlever toute autorité et qui réagissent dangereusement sur l'état moral et matériel de la nation ;

Considérant, d'ailleurs, que les pouvoirs de l'Assemblée se trouvent nettement déterminés par le caractère même de leur origine ; que l'Assemblée n'a été convoquée et nommée que pour se prononcer sur la question de savoir si *la guerre devait être continuée, et à quelles conditions la paix devrait être faite* ;

Considérant que les élections du 2 juillet ont affirmé avec une force nouvelle la volonté du pays de retenir le pouvoir constituant ;

Considérant dès lors que le mandat de l'Assemblée sera pleinement accompli aussitôt que les lois de finances se rattachant au traité de paix auront été votées ;

Les soussignés, membres de l'Assemblée nationale, proposent les résolutions suivantes :

Art. 1er. — Les pouvoirs de l'Assemblée nationale expireront le 15 Décembre prochain.

Art. 2. — Les comices électoraux seront convoqués le premier dimanche de Janvier 1872, à l'effet d'élire une Assemblée constituante.

Art. 3. — Il sera procédé aux élections conformément à la loi de 1849.

Art. 4. — La réunion de la nouvelle Assemblée aura lieu le 15 Janvier.

Art. 5. — Le chef du pouvoir exécutif de la République française pourvoira à l'administration générale du pays jusqu'à la réunion de l'Assemblée constituante, à laquelle il remettra ses pouvoirs.

Les motifs qui font l'objet des divers considérants de ces propositions ayant été, depuis le 18 Juillet, le sujet constant de nos observations journalières, nous n'avons plus rien à ajouter. Il ne nous reste plus qu'à nous répéter, c'est ce que nous ferons, comme c'est notre devoir, quand l'examen de nos pétitions et la discussion de ces projets de loi se produiront en séance publique, et occuperont officiellement et généralement la France entière.

(*Mouvement* du 26 Août 1871.)

234

www.ingramcontent.com/pod-product-compliance
Lightning Source LLC
Chambersburg PA
CBHW070938280326
41934CB00009B/1928